Papier schöpfen, formen und gestalten

Angelika Wolk-Gerche

Papier schöpfen, formen und gestalten

Verlag Freies Geistesleben

ISBN 3-7725-1956-3
1. Auflage 2001
Verlag Freies Geistesleben
Landhausstraße 82, 70190 Stuttgart
Internet: www.geistesleben.com

© 2001 Verlag Freies Geistesleben & Urachhaus GmbH, Stuttgart
Umschlagfoto: Wolpert & Strehle, Stuttgart
Druck: Uhl, Radolfzell

Inhalt

1. Einleitung 7

2. Die Geschichte der «Weißen Kunst» 7

3. Papier schöpfen 16
   *Werkzeug, Rohstoffe, Technik 16 / Bau des
   Schöpfrahmens 17 / Kuverts 23 / Collagen 24
   Grußkarten aus handgeschöpftem Papier 25*

4. Papiermaché 27
   *Poppige Schalen 27 / Große Krabbeltiere 31 /
   Blumenstecker: Blüten, Vogel, Fisch und
   «Lutscher» 39 / Blühende Opuntie 39 /
   Bemalte Knöpfe 43 / Blaues Tablett 43 /
   Kindertablett 45 / Margeriten-Geburtstags-
   stuhl 46*

5. Abformen und Modellieren
   mit Papierfaserstoff (Pulpe) 50
   *Am Zauberstrand 51 / Ammonit-Formen
   im Objektkasten 53 / Muscheln aus Pflanzenpulpe 54 / Bilderrahmen aus Muschelabformungen 55 / Fächerabformungen 56 /
   Duftender Tischschmuck 56 / Schalensätze
   aus Pflanzenpulpe 58 / Perlen 60 /
   Collier im japanischen Stil 61 / Für den
   Kaufladen: Pulpetörtchen 62 / Wellhorn-
   schnecken-Objekte 62 / Ostereier 64 /
   Pulpe-Kugeln 66*

6. Einschlüsse in Transparentpapier 67
   Zitronenschale 68 / Handlaterne 70

7. Kleisterpapier 72
   Hefte, Tagebücher, Bleistifte und Tüten 74

8. Individuelles Geschenkpapier 74

9. Taschen aus Papierschnüren 77

Interessante Papiersorten aus aller Welt: ① *Handgeschöpftes Bananenfaserpapier peruanischer Ureinwohner ,* ② *darunter zwei Bögen Seidenfaserpapier (China),* ③ *Zwiebelschalenpapier,* ④ *Bucheinband aus Loktapapier (eine Cannabisart aus Nepal),* ⑤ *Papier aus Kohlrabischeiben,* ⑥ *pflanzengefärbtes Knitterpapier,* ⑦ *Loktapaier mit eingeschöpftem Schilf,* ⑧ *cremefarbenes Loktapapier aus Nepal.*

1.　　Einleitung

«Papier ist geduldig» – wie zutreffend dieser altbekannte Spruch ist, wird einem erst so richtig klar, wenn man sich einmal bewusst und intensiv mit Papier beschäftigt. Man kann nicht nur darauf schreiben und malen, sondern es zerschnipseln, einweichen, zu Brei verarbeiten, etwas ganz Neues daraus formen, gießen, modellieren, schöpfen, kleben, häkeln, falten, verändern und veredeln.

Es ist naheliegend, dass viele kreative Menschen diesen wandelbaren Werkstoff verwenden um sich künstlerisch auszudrücken. Und so wird im Klassenzimmer wie auch im professionellen Künstleratelier mit Papier in irgendeiner Form gearbeitet. Denn Papier lässt fast alles mit und aus sich machen, sei es ein freies Objekt, eine Perle, einen Teller, ein Windlicht oder sogar ein Möbelstück. Das Spannende dabei ist obendrein, dass wir kein neues, besonderes Papier anschaffen müssen, sondern gebrauchtes und bereits recyceltes Material benutzen können.

Anliegen dieses Buches ist es unter anderem, Papier aus dem Alltäglichen, Gewöhnlichen einmal herauszuheben und wieder zu etwas Kostbarem, Besonderem zu machen.

So wünsche ich allen, die gern «werkeln» und gestalten, dass ein Funke der Begeisterung und Freude, die ich selbst beim Experimentieren mit dem «geduldigen» Papier empfunden habe, auf sie überspringt und zu eigenen, ungewöhnlichen Papierschöpfungen anregt.

2. Die Geschichte der «Weißen Kunst»

Tontäfelchen und Palmblätter

Bevor es Papier gab, hatten die Menschen natürlich auch schon das Bedürfnis, Gedanken und Ereignisse in Form von Bildern und Zeichen festzuhalten, um sie so in Erinnerung zu behalten oder anderen, entfernt lebenden Menschen mitzuteilen.

In China beschrieb man Bast, Seide und andere Gewebe mit Hilfe eines Pinsels. In Indien dienten Palmblätter, die man zusammengeschnürt aufbewahrte, als Material zum Beschreiben. Schon im 3. Jahrtausend v. Chr. schrieben die Ägypter auf Papyrusbögen. Dieses Material kommt unserem Papier am nächsten und es gab ihm seinen Namen. Papyrus (*Cyperus papyrus*) auch «Papierstaude» genannt, ist eine Sumpfpflanze aus Afrika. Die langen Stängel werden in Streifen geschnitten und kreuzweise übereinander gelegt. Dann presst man sie, wobei der klebrige, glukoseartige Pflanzensaft austritt und die Lagen zusammenleimt. Die Ägypter fügten mehrere Bögen aneinander. So entstanden die berühmten Papyrusrollen. Auch die Griechen und Römer benutzten neben den Wachstäfelchen solche Papyrusrollen für ihre Aufzeichnungen. Die Hochkulturen des Vorderen Orients entwickelten Bilder- und Keilschriften, die in weiche Tontäfelchen gedrückt wurden. Solche Täfelchen fand man zahlreich in den Ruinen babylonischer und assyrischer Palastarchive. Meistens waren es Bestandslisten von Waren und Vorräten, Rechnungen, Quittungen und dergleichen. Weltberühmt

Beschrifteter Papyrusbogen, ptolemäisch 2. – 1. Jh.v.Chr.

und geheimnisvoll, da bis heute nicht entschlüsselt, ist der «Diskus von Festos» aus einem minoischen Palast auf Kreta aus der Zeit um 1600 v. Chr. Dabei handelt es sich um eine massive Tonscheibe mit einem Durchmesser von 16 cm. Diese Scheibe ist beidseitig mit 241 Zeichen bedeckt. Jedes Zeichen wurde mit einem eigenen Stempelchen in den weichen Ton eingedrückt. In Kleinasien beschriftete man bereits 1500 v. Chr. das kostbare Pergament. Es bestand aus enthaarten, geglätteten und getrockneten Schaf-, Ziegen- oder Kalbfellen. Von Rom und Byzanz aus verbreitete sich die Verwendung von Pergament über das ganze Abendland und wurde hier im Mittelalter zum wichtigsten Schriftträger.

↖ *Papyrusbögen, neu hergestellt*
← *Der berühmte Diskus von Festos*

Ein unfreiwilliges Geschenk aus China

Inzwischen, genauer gesagt um 105 v. Chr., war es einem experimentierfreudigen Minister des chinesischen Kaiserhofes gelungen, Papier herzustellen. In China kannte man zu diesem Zeitpunkt schon die Technik des Verfilzens von Seidenabfällen zu festen dünnen Matten, auf denen gemalt werden konnte. So gesehen stellt das Verfahren der Papierherstellung eine Variation bzw. Weiterentwicklung dieser einfachen Filztechnik dar. Rohmaterialien für das erste Papier waren Maulbeerbaumrinden und andere Pflanzenfasern. Vielleicht hatte der findige Minister aber auch die Wespen beim Nestbau beobachtet. Wespen zerkauen ja das Holz morscher Bäume und vermischen es mit ihrem Speichel zu einem Brei. Daraus formen sie Schicht für Schicht ihre zarten, papierenen Nester. Über mehrere Jahrhunderte hinweg hüteten die Chinesen das Verfahren des Papiermachens. Doch im Jahre 751 gerieten einige chinesische Papiermacher in arabische Kriegsgefangenschaft. Hier entriss man ihnen ihr Geheimnis. So ist es den arabischen Moslems zu verdanken, dass sich die Papierherstellung nach und nach über ganz Europa ausbreitete. Spanien war das erste europäische Land, in dem eine Papiermühle errichtet wurde, das war im Jahr 1144. Es folgten Frankreich und Italien. 1390 entstand in Nürnberg die erste deutsche Papiermühle. Als Johannes Gutenberg 1450 die Idee hatte, bewegliche Metalltypen einzufärben und mit-

Wespennest, aufgebaut aus papierartigen, ↗
dünnen Schichten
Altchinesisches Papier, Anfang 3. Jh. n.Chr. →

9

tels Pressdruck die Buchstaben auf Papier zu übertragen, begann der Siegeszug des Papiers. Man kann sagen, dass die Erfindung des Papiers und der Buchdruckerkunst einen ganz entscheidenden Anteil an unserer heutigen modernen Kultur und Zivilisation haben.

Aufwendiges traditionelles Papierkleid aus Korea, ausgestellt im Deutschen Museum München

Rechts oben:
Blick in eine mittelalterliche Papiermühle

Vom Göttergeschenk zum Wegwerfprodukt

Blicken wir noch einmal nach Asien. Lange bevor die Europäer von der Papierherstellung erfuhren, war diese Kunst durch buddhistische Mönche über Korea nach Japan gelangt. Hier entwickelte sie sich zu höchster Blüte. Einer japanischen Legende nach of-

Farbenfrohe Papiersachen aus Japan:
Bälle aus Pergaminpapier, hochwertiges bedrucktes
Origamipapier, kunstvoll gefaltete Kimonopuppen, ein
Pandabär; die Essstäbchen liegen auf Schleifen aus
lackiertem Papier

11

fenbarte einst eine Gottheit den Menschen diese wunderbare Technik. Die Japaner stellen seitdem die unterschiedlichsten und einfallsreichsten Dinge aus Papier her, z.B. zarte Kimonostoffe, die Fensterscheiben ihrer traditionellen Häuser, ausgeklügelte Verpackungssysteme, Spielzeug, Drachen, Laternen, Fächer, Taschen usw. Sogar das gewölbte Dach des 4000 Quadratmeter großen japanischen Pavillons auf der Expo 2000 in Hannover bestand aus Papier. Kilometerlange miteinander verschnürte Papprollen bildeten ein Gerüst, über dem sich Papierbahnen spannten. Der ganze Papierpalast wurde nach dem Ende der Weltausstellung zu Schulheften verarbeitet.

Heute ist Papier ein Massenprodukt und aus dem Alltag nicht mehr wegzudenken. Wir benutzen es täglich in vielfältiger Form, aber wir beachten bzw. *achten* es kaum, und allzu schnell ist es zusammengeknüllt und weggeworfen!

Links: Das Dach des japanischen Pavillons auf der Weltausstellung Expo 2000 in Hannover bestand aus einem Gerüst aus kilometerlangen Papprollen bespannt mit Papierbahnen

Handschöpfrahmen und Endlossieb

Erinnern wir uns einmal an die Anfänge der «Weißen Kunst» im europäischen Mittelalter und schauen in eine Papiermühle der damaligen Zeit. Der Papiermacher-Meister herrschte über einen wohl organisierten Betrieb, in dem ihm Gesellen und Lehrlinge zur Hand gingen. Der Faserrohstoff, aus dem die Papierbögen entstanden, waren Lumpen sowie Hanf- und Flachsabfälle, Hadern genannt. In einem Stampftrog wurde dieses Material mehrere Stunden geschlagen und gestampft, bis ein feiner Faserbrei entstanden war. Dieses Stampfen und Schlagen besorgte ein Stampfwerk, das von einem Wasserrad über eine Nockenwelle angetrieben wurde, daher der Name «Papiermühle». In einer Papiermühle herrschte neben dem ständigen Lärm, den das Stampfwerk verursachte, auch permanent ein fauligsäuerlicher Geruch, der von den feuchten Lumpen ausging. Die Arbeitsbedingungen waren nicht gerade angenehm. Der fertige Faserstoff kam in die erwärmte Bütte, den Schöpftrog, und wurde gründlich gerührt. Danach konnte der Meister mit dem eigentlichen Papierschöpfen beginnen. Er nahm das zweiteilige Schöpfsieb, das aus dem eigentlichen Sieb und einem darauf liegenden Rahmen bestand, in beide Hände. Dann tauchte er es senkrecht in die Bütte mit dem Faserbrei und hob es waagerecht wieder heraus. Auf dem Sieb hatte sich nun eine gleichmäßige Faserstoffschicht abgesetzt. Der Meister rüttelte und schüttelte das Sieb auf gekonnte Weise, um das überschüssige Wasser ablaufen zu lassen. Danach stellte er die Schöpfform ab und hob den oberen Teil, den Rahmen, ab. Durch diesen Rahmen erhielt das Papier einen exakten Rand. Außer-

In der mittelalterlichen Papiermühle in Basel wird das Schöpfen von Papierbögen demonstriert

Spindelpresse zum Auspressen des Pauschtberges (Frankreich, spätes Mittelalter)

dem verhinderte er das Abschwemmen der Fasern. Das Sieb mit dem daran haftenden nassen Papier übernahm der Geselle um es auf einem feuchten Filz zu stürzen und abzupressen, zu «gautschen»; darüber legte er wieder einen feuchten Filz, dann kam schon der nächste Bogen usw. Dieser Berg aus Papier und Filz hieß «Pauscht». Der Pauschtberg wurde in einer großen Spindelpresse ausgepresst, sodass das Wasser abfließen konnte. Danach hängte der Lehrling Bogen für Bogen auf dem Trockenboden auf. Später wurde das Papier noch weiter behandelt, je nachdem, zu welchem Zweck es dienen sollte. Gutes Schreibpapier zum Beispiel tauchte man in eine Lösung aus Knochenleim, danach kam es wieder in

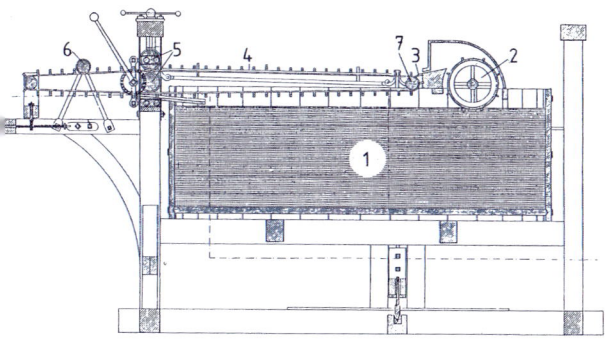

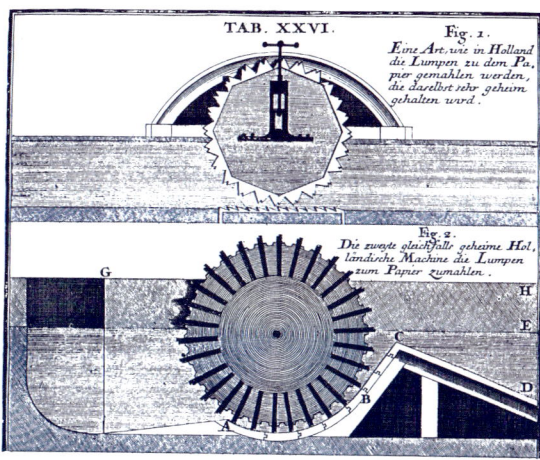

Seitenansicht der Papiermaschine
von Nicolaus Louis Robert (1761 – 1828)
aus dessen Patentschrift

1. Stoffblüte; 2. Schöpfrad; 3. Leitbrett; 4. Langsieb;
5. Presswalzen; 6. Aufwickelwolle; 7. Brustwalze

Erste bildliche Darstellung des Holländers, 1718:
Fig.1: Messerwalze zum groben Zerreißen der Lumpen
Fig. 2: Messerwalze zum Feinmalen

eine Presse und schließlich unter einen Glättehammer. Dieser Glättehammer bestand meistens aus einem geschliffenen Achat.

Im Laufe der Zeit wurde das Papiermachen immer weiter verfeinert und rationalisiert. Ende des 17. Jahrhunderts ersetzte eine Maschine das etwas schwerfällige Stampfwerk. Sie besorgte das Zerkleinern der Hadern durch rotierende Messerwalzen. Diese Maschine nannte man «Holländer», weil sie in Holland erfunden worden war. Noch bis vor wenigen Jahren arbeiteten «Holländer» in den modernen Papierfabriken. Eine einfache handbetriebene Schöpfmaschine entwickelte man 1798 in Frankreich. Über einen Zylinder gelangte der Papierfaserstoff aus der Bütte auf ein Metall-Endlossieb, das sich vorwärtsbewegte. Die nasse Papierbahn lief

danach durch filzbezogene Walzen, dort wurde überschüssiges Wasser abgepresst. Anschließend wurde sie auf einer Walze aufgewickelt. So entstanden Papierrollen von 12 bis 15 Metern Länge. Lumpen und Flachsabfälle konnten den Rohstoffbedarf längst nicht mehr decken und wurden mehr und mehr durch Stroh und Holz ersetzt. Mit Hilfe chemischer Verfahren entstand daraus Cellulosemasse, der Hauptrohstoff auch unseres heutigen Papiers. Das war der Anfang der Papiergroßindustrie und damit das Ende des alten Papiermacherhandwerks.

Einen kleinen Eindruck von dieser alten Kunst bekommen wir im folgenden Kapitel, dort gibt es eine Anleitung zum Papierschöpfen mit einfachsten Mitteln.

3. Papier schöpfen

Am Herstellungsprozess von handgeschöpftem Papier hat sich seit Jahrhunderten kaum etwas geändert. Handgeschöpftes Papier ist nach wie vor etwas Besonderes und seine Herstellung faszinierend. (Siehe dazu: «Die Geschichte der weißen Kunst»).

Werkzeug, Rohstoffe, Technik

Das Schöpfgitter

Einteiliges Schöpfgitter
Material: 4 Vierkant-Holzleisten, wasserfester Holzleim, Fliegengitter, Tacker, Nägel, Hammer, Klarlack. Fliegengitter aus Fiberglas oder Aluminium bekommt man in Baumärkten. Auch als Unterbau von Landschaften für die Modelleisenbahn wird er oft verwendet, also in den entsprechenden Fachgeschäften nachfragen.

Maße und Zusammenbau sind der Zeichnung zu entnehmen. Den Rahmen mit Klarlack überziehen, damit er der Feuchtigkeit besser standhält. Das Fliegengitter darüber spannen und antackern.

Mit diesem einfachen Arbeitsgerät sind alle abgebildeten rechteckigen Papiere geschöpft worden. Dabei wird der Rand nicht ganz exakt, was andererseits den Reiz des «Handgemachten» unterstreichen kann. Wer einen exakten Rand wünscht, baut sich ein zweiteiliges Schöpfsieb.

Zweiteiliges Schöpfgitter
Material: Wie oben, jedoch zwei gleiche Rahmen herstellen. Der *erste* Rahmen wird wieder mit Fliegengitter bespannt, wobei die Gitterränder diesmal um den Rahmen herumgelegt und an der Rückseite angetackert werden. Der *zweite* Rahmen bleibt ohne Gitter. Er wird beim Schöpfvorgang nur auf den mit Fliegengitter bespannten Rahmen gelegt. Er sorgt für eine gerade Papierkante und verhindert das Abschwemmen des Faserstoffes.

Die Schöpfwanne

Die Größe der Wanne richtet sich nach dem Schöpfrahmen. Sie sollte so groß sein, dass das Sieb und die Hände ausreichend Platz darin haben. Eine einfache Kunststoffwanne genügt.

Zubereitung des Papierfaserstoffes (Pulpe)

Material:
Altpapier wie gebrauchtes Schreibpapier, Kuverts, Computerpapier, alte Schulhefte, Obsttüten, Papierreste vom Basteln, Kassenzettel, Zeichenpapier, Tonpapier und vieles mehr. Zeitungspapier ist zu minderwertig und durch die Druckerschwärze zu grau; folglich entsteht daraus kein hochwertiges handgeschöpftes Papier. Ebenfalls ungeeignet sind Hochglanzpapiere, etwa Prospekte und Illustrierte, sowie beschichtete und fettdichte Papiere.

Bau des Schöpfrahmens

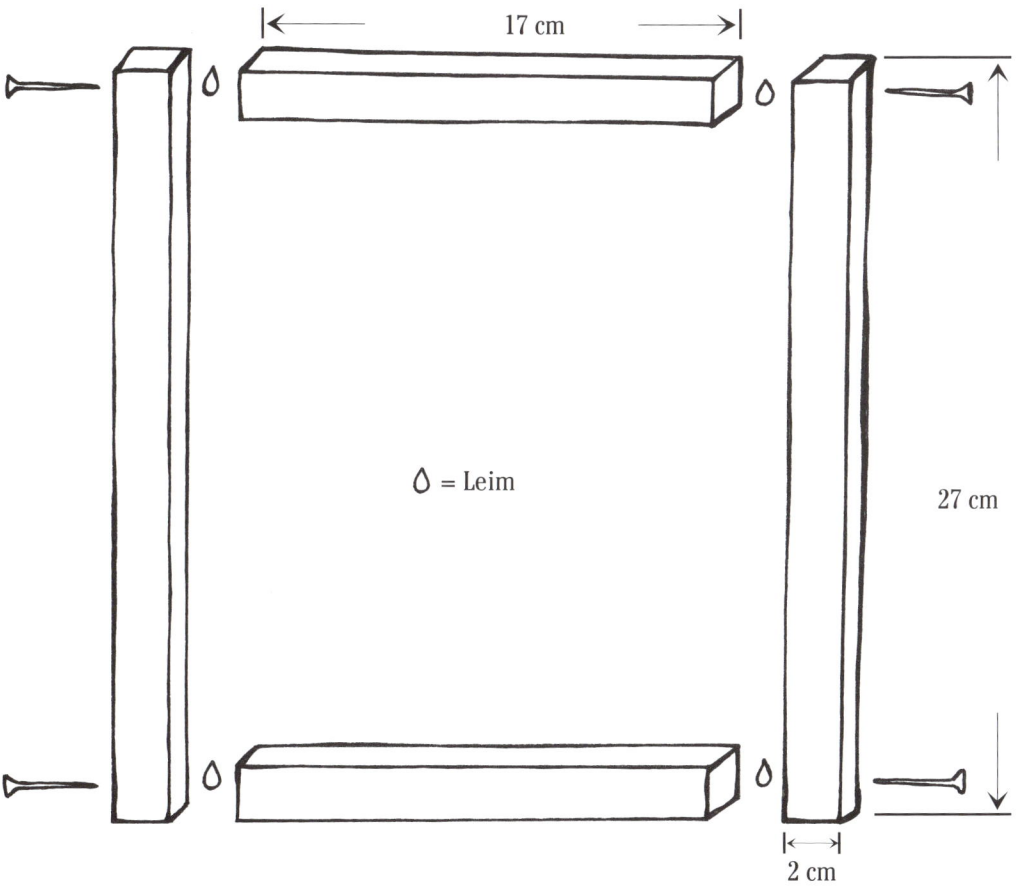

17 cm

27 cm

2 cm

◊ = Leim

Vom Papierschnipsel zum Faserstoffbrei

Das Papier in möglichst kleine Schnipsel reißen und über Nacht in einem Eimer mit Wasser einweichen, etwa 1 Teil Papierschnipsel auf 2 Teile Wasser. Anschließend im Mixer je nach gewünschtem Feinheitsgrad zerkleinern. Wer keinen Mixer zur Verfügung hat, kann auch einen Pürierstab verwenden. Damit lässt sich allerdings nicht so effektiv arbeiten. Der Mixer erfüllt hier im Kleinen die Aufgaben des Stampfwerks der mittelalterlichen Papiermühle, genauer gesagt die des «Holländers» der Papierfabrik. Den fertigen Papierfaserstoff nennt man «Pulpe».

Vorbereitung des Arbeitsplatzes:
Wichtig ist ein großer Tisch, auf dem die Schöpfwanne stehen kann. Neben der Wanne liegt ein dickes Frotteetuch und griffbereit liegen einige angefeuchtete Küchentücher oder Filze, etwas größer als das Format der zu schöpfenden Papiere. Verwendet man Tücher mit Struktur (Webmuster, Knitterfalten, Waffelpikee usw.), so überträgt sie sich auf das spätere Papier, was sehr reizvoll sein kann. Ebenfalls in Reichweite befindet sich ein Schwamm.

Schöpfen:
Die Pulpe wird in die mit warmem Wasser gefüllte Schöpfwanne gegeben. Bei reichlich Pulpe wird das Papier dicker, bei weniger Pulpe entsprechend dünner. Das Papierfaserbad nennt man «Bütte». Das Faserbad gut mit der Hand durchmischen. Den Rahmen mit beiden Händen ergreifen, das Gitter nach oben, und senkrecht bis zum Boden in die Bütte tauchen, anschließend waagerecht zügig an die Oberfläche heben. Eine gleichmäßige Papierfaserschicht hat sich nun auf dem Sieb abgesetzt. Den Rahmen sacht rütteln und etwas schräg halten, damit überschüssiges Wasser abtropfen kann.
Achtung: Wer einen zweiteiligen Schöpfrahmen benutzt, stellt ihn nach dem Rütteln kurz hin und hebt dann den oberen Rahmen ab.

Abgautschen, Pressen, Trocknen:
Das Sieb mit der Pulpeschicht nach unten auf ein feuchtes Küchen- oder Filztuch, das ausgebreitet auf dem Frotteetuch liegt, stürzen. Diesen Vorgang nennt der Papiermacher «abgautschen». Den

Schwamm mehrfach gründlich auf das Sieb pressen, um überschüssiges Wasser aufzusaugen. Dann das Sieb vorsichtig abheben. Nun liegt der fertige, aber noch nasse Papierbogen vor uns. Ein weiteres feuchtes Gautschtuch (Filz, Küchentuch) glatt darüber legen, als Unterlage für den nächsten Bogen. Dann ein neues Blatt schöpfen, abgautschen, feuchtes Tuch darüber legen usw.

So entsteht ein Stapel aus Papier – Gautschtuch – Papier – Gautschtuch … Zwischendurch neue Pulpe in die Schöpfwanne geben, sonst wird das Papier zu dünn. Den fertigen Stapel, «Pauscht» genannt, zwischen zwei Bretter legen und mit Schraubzwingen zusammenpressen. So kann überschüssiges Wasser abfließen. Man kann die Bretter mit dem Papierberg dazwischen zu diesem Zweck auch mit Steinen beschweren oder sich ganz einfach selbst darauf stellen. In der mittelalterlichen Papiermühle kam die Pauscht zum Entwässern in die Spindelpresse.

Dann die Gautschtücher mit den daran haftenden Papierblättern zum Trocknen aufhängen. Wenn sie gut durchgetrocknet sind, zieht man sie von den Tüchern ab. Dann werden sie von beiden Seiten gebügelt. Die Oberfläche wird glatter und «schreibfreundlicher», wenn man das Papier vor dem Bügeln mit Wäschesprühstärke einsprüht. Der Papiermacher im Mittelalter tauchte die Bögen zu diesem Zweck in eine Lösung aus Knochenleim.

Hinweis: Man kann die Gautschtücher auch gleich, unmittelbar nach dem Schöpfen, zum Trocknen aufhängen, ohne erst einen Pauschtberg zu machen. Dann sollte man ein Wäschetrockengestell sowie Wäscheklammern in der Nähe stehen haben, wenn man zum Beispiel die Möglichkeit hat, auf einem Balkon oder einer Terrasse zu arbeiten. Faser-

1. Das Schöpfsieb senkrecht in die Bütte tauchen …

2. … und zügig waagerecht herausheben

19

3. Den Rahmen auf das Küchentuch stürzen, überschüssiges Wasser mit einem Schwamm aufnehmen

4. Den Rahmen abheben, das nasse Papier liegt auf dem «Gautschtuch»

5. Die frisch geschöpften Bögen zum Trocknen aufhängen

stoffreste, die in der Schöpfwanne zurückbleiben, fängt man beim Abgießen in einem Sieb oder Mulltuch auf. Dann kann man sie zu Kugeln formen und bis zur nächsten Papierschöpf-Aktion aufbewahren. Sie lassen sich gut wieder aufweichen.

Tipps:

Pflanzenpulpe

Besonders interessantes Papier im Hinblick auf Farbe, Struktur oder Duft entsteht, wenn man der Pulpe-Grundmasse Pflanzenfasern beimischt. Geeignet ist fast alles: Herbstlaub, Zwiebelschalen, Zitrusschalen, duftende Blütenblätter (Lavendel, Rose), Gras, Lauch, Brennnesseln, Rhabarber, verschiedene duftende oder färbende Gewürze und sogar Kaffeesatz.

Getrocknete Pflanzen wie Herbstlaub und Zwiebelschalen zerbröseln oder kleinzupfen und über Nacht einweichen. Frische Lauch- oder Rhabarberstangen in 2 bis 3 cm kleine Stücke schneiden und kurz kochen, damit die Fasern zerfallen, Zitrusschalen klein schneiden. Frische, saftige, gekochte und eingeweichte Pflanzen im Mixer zerkleinern. Dann der Papierpulpe beimischen, Verhältnis ganz nach Wunsch. Hier tut sich ein weites Feld auf für Experimente! Das Pulpe-Pflanzen-Gemisch wie beschrieben schöpfen. Diese Pflanzenpulpe eignet sich auch besonders gut zum Abformen und Modellieren, siehe dazu Kapitel 5.

Abbildung oben:
Papier mit Pflanzenzusätzen (v.n.l.r.): Lauch, Zwiebel-, Orangenschalen, Brennnesseln, Lavendel

Farbiges Papier

Wenn man eine bestimmte Farbe wünscht, sollte man die Papierschnipsel von vornherein nach Farben sortieren sowie Tonpapier und Papierservietten in der entsprechenden Farbe mit einweichen. Man kann der Pulpe z.B. auch roten Saft oder Tinte zusetzen. Bastel- und Dispersionsfarben sollte man nicht verwenden. Dadurch lässt sich das Papier später möglicherweise schlecht abgautschen.

Rundes Papier

Rundes handgeschöpftes Papier ist mal etwas anderes. Das Schöpfsieb bekommt man im Haushaltswarengeschäft. Dabei handelt es sich um ein Schutzgitter gegen Fettspritzer, mit dem man die Bratpfanne abdeckt. Da der Griff nicht in unsere Schöpfwanne passte, haben wir ihn kurzerhand vorsichtig hochgebogen. Beim Abgautschen mussten wir deshalb darauf achten, dass der Griff über der

Tischkante zu liegen kam. Siehe dazu die Abbildungen. Wichtig ist, dass das Sieb unbeschädigt ist. An beschädigten Stellen bleibt das nasse Papier nämlich hängen und wir können es nicht abgautschen!

Rundes Papier, geschöpft mit einem Spritzschutzsieb aus dem Haushaltswarengeschäft

1. Eintauchen   *3. Abgautschen*
2. Herausheben   *4. Sieb abheben – fertig!*

Kuverts

Ein einfaches Kuvert kann man aus dem runden Papier falten – wie die Abbildung zeigt. Ein Brief wird hineingelegt und das Ganze z.B. mit Bändern und Siegellack verschlossen. Wer ein rechteckiges Kuvert wünscht, nimmt ein ganz normales, gekauftes Briefkuvert zur Hand, löst die Klebekanten und faltet es auseinander. So hat man eine Vorlage für das eigene Kuvert aus handgeschöpftem Papier.

«Erwärmung»:
Collage auf Aquarell mit handgeschöpftem
Orangenpapier, Transparent-, Krepp-, Seiden-,
Maulbeerbaumfasernpapier, Metallfolie

«Erfrischung»:
Collage auf Aquarell mit handgeschöpftem
Lavendelpapier, Seidenpapier, Transparentpapier,
Stanniolpapier

Collagen

Collagen sind Klebebilder aus verschiedenen Materialien. Diese künstlerische Technik wurde zuerst von Picasso und Braque angewandt.

Jedes kleine Fetzchen unseres handgeschöpften Papiers ist ja kostbar und sollte verwendet werden. Auch Bögen, die vielleicht Löcher oder Risse haben, sind zum Wegwerfen viel zu schade. Zusammen mit anderen Papiersorten können wir daraus schöne Collagen herstellen. Zwei Vorschläge sind hier abgebildet.

Originelle Karten
zu allen möglichen Anlässen

Grußkarten aus handgeschöpftem Papier

Einen Vorrat an individuell gestalteten Grußkarten kann man immer gebrauchen. Die handgeschöpften Papierbögen eignen sich dazu ganz besonders. Man kann sie, ganz nach Wunsch, entweder lassen wie sie sind oder aber bedrucken, bemalen, mit gepressten Pflanzen, Federn und Papier- oder Stoffstückchen bekleben. Das macht sehr viel Freude und es kommen einem während der Arbeit immer wieder neue Ideen. Die Bögen vorher in der Mitte falten, dann passen sie in einen normalen Briefumschlag.

Attraktiv verpackter «Schatz» aus handgeschöpften Grußkarten

In diesen «Schmuckbogen» wird ein ganz normaler, ebenfalls gefalteter Briefbogen hineingelegt. Darauf kann man dann seine Glückwünsche und sonstige Botschaften schreiben. Wie die beiden Bögen miteinander verbunden werden, zeigt die Abbildung. Hat man dann einen ganzen Stapel zu allen möglichen Anlässen: Geburtstagen, Weihnachten, Ostern … zusammen, sollte dieser «Schatz» auch attraktiv verpackt werden. Wir haben z.B. einen schönen, großen, stabilen Bogen Knitterpapier (Papierwarenladen) zu einer einfachen Hülle gefaltet und mit einer gepressten Geranienblüte geschmückt. Zusammengehalten wird dieses Päckchen mit Bast. Solch ein Grußkarten-Set ist auch ein gern gesehenes Geschenk. Dann schlägt man beispielsweise eine Lage Tüll darum und legt noch eine Rose obenauf.

eingelegtes, gefaltetes Schreibblatt

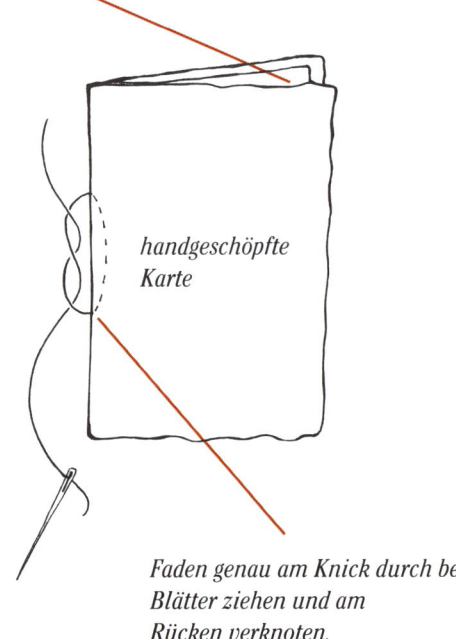

handgeschöpfte Karte

Faden genau am Knick durch beide Blätter ziehen und am Rücken verknoten.

4. Papiermaché

Modellieren mit Papiermaché ist eine weitverbreitete, gern angewendete Technik. Schon Vorschulkinder lieben dieses Material und manch renommierter Künstler arbeitet damit. Die Verwandlung des Papiers von der zweidimensionalen Fläche zum dreidimensionalen Objekt ist immer wieder spannend und beeindruckend.

Es gibt zwei Arten der Herstellung von Papiermaché. Zum einen können mit Leim oder Kleister eingepinselte Papierstreifen auf eine Form aufgetragen werden um Schichten aufzubauen. Die zweite Möglichkeit besteht darin, mit Papierfaserbrei (Pulpe) zu modellieren oder abzuformen. In unserem Buch werden beide Techniken vorgestellt. Zunächst das Arbeiten mit Papierstreifen und Tapetenkleister, danach, im 5. Kapitel, das Abformen und Modellieren mit Pulpe.

Poppige Schalen

Solche Schalen kann man natürlich auch benutzen, z.B. als Spiel- oder Partygeschirr. Da es dank der Lackschicht feucht abwischbar ist, kann man Knabberzeug, Obst usw. hineintun.

Material und Werkzeug:
Zeitungspapier, Tapetenkleister, Schere, Bastelfarben (Dispersions-, Acrylfarben oder Schultempera), Klarlack, Pinsel.

So entsteht eine Schale aus Zeitungspapier und Tapetenkleister

Als Formgeber dient eine Schale aus Glas, Kunststoff oder Porzellan, Größe nach Wunsch. Wichtig ist, dass das Gefäß zum Rand hin etwas ausladend ist, andernfalls würden wir die Papierabformung nur sehr schwer ablösen können.

Tapetenkleister wie auf der Packung beschrieben anrühren. Während er quillt, die Zeitung in 1,5 bis 2 cm breite Streifen schneiden. Einige weiße Streifen vom Rand der Zeitung schneiden. Sie bilden die erste und letzte Schicht. Mit einem breiten Pinsel die weißen Streifen satt mit Tapetenkleister bestreichen und glatt an die *Innenseite* der Schüssel kleben. Die Streifen sollen parallel zueinander liegen und müssen sich ein wenig überlappen. Darauf achten, dass keine Luftblasen eingeschlossen werden oder zu viele Falten entstehen. Ist die ganze Fläche beklebt, mit dem Kleisterpinsel noch einmal darüber streichen. Dann folgt die zweite Schicht.

Poppige Schalen als Spiel- oder Partygeschirr

Nun kann auch bedrucktes Zeitungspapier verwendet werden. Die zweite Lage muss kreuzweise über der ersten liegen. Nach jeweils zwei Schichten überstehende Streifen am Rand mit einer scharfen Schere abschneiden. Im Ganzen sollte die Schüssel 7 bis 10 Schichten bekommen. Die letzte Lage besteht wieder aus weißen Papierstreifen, damit wir gleich einen guten Untergrund zum Malen haben. Nun muss die Schale einige Tage trocknen. Dann löst man sie aus der Form. Das ist manchmal nicht ganz einfach, also geduldig bleiben und zunächst den Rand rundherum mit einem Messer ablösen.

Anschließend kann mit dem Bemalen begonnen werden. Am besten grundiert man die ganze Schale in einer Farbe und malt dann das Muster auf. Nachdem alles gut getrocknet ist, erhält das «Werk» eine Schutzschicht aus Klarlack.

Hinweis: Beim Trocknen schrumpft die Pappmaché-Schale ein wenig, daher ist sie einfacher von der Form abzulösen, wenn man die Innenseite abge-

Zarte Seidenpapierschale

Variation: Weiße Seidenpapierschale

formt hat. An der Außenseite dagegen würde sie sich durch den Schrumpfungsprozess zu fest anschmiegen. Bitte unbedingt darauf achten, dass die als Form verwendete Schüssel sich zum Rand hin erweitert!

Die Schale wie oben beschrieben herstellen. Nachdem sie getrocknet ist, streicht man sie noch einmal vollständig mit Tapetenkleister ein. Große, gerissene Stücke Seidenpapier ebenfalls einkleistern und um die Schale formen. Es genügen 2 bis 3 Schichten. Die Falten glatt streichen, sie sollen aber sichtbar bleiben, denn das unterstreicht die luftige, transparente Wirkung. Zum Trocknen die Schale abermals in die Schüssel setzen, damit sie nicht aus der Form gerät.

Große Krabbeltiere

Diese Käfer fallen ins Auge. Auch wenn es nicht so scheint ist es gar nicht schwer, sie herzustellen. Hat man erst einmal den ersten Käfer fertig, folgen bestimmt noch ein Zweiter und Dritter, denn das Käfer-Basteln macht sehr viel Spaß. Ein dicker Käfer, oder vielleicht eine ganze Invasion an der Wand im Kinderzimmer, ist ein toller Blickfang. Auch mit einem einzelnen Käfer spielen Kinder sehr gerne, wenn sie ihn z.B. am ausgestreckten Arm laut brummend die tollkühnsten Flugmanöver vollführen lassen. Käfer mit ausgebreiteten Flügeln lässt man an einem möglichst unsichtbaren Faden von der Zimmerdecke herabhängen. Auch als dekorative Blumenstecker eignen sie sich. Dazu bohrt man ein Loch in den Bauch des fertigen Käfers und steckt ihn auf ein Rundholz oder einen Bambusstab. Wer einmal Seite 48 aufschlägt, sieht eine ganze Marienkäferschar auf einem Stuhl herumkrabbeln.

Bei der Gestaltung des Käfers kann man sich, so wie wir es versucht haben, an echten Käfern orientieren (Bestimmungsbuch für Insekten) oder man lässt seiner Fantasie freien Lauf und «erschafft» ein ganz neues Krabbeltier. Die im Folgenden beschriebene Grundform des Maikäfers eignet sich für fast alle Käfertypen und kann auch leicht abgewandelt werden.

← *Quartett aus Mai-, Marien-, Hirsch- und Rosenkäfer*

So sehen sie Bauchseiten der Käfer aus!

Maikäfer

Material und Werkzeug:
Zeitungspapier, Tapetenkleister, 1 Stück Karton, leere Toilettenpapier-Rolle, weißes Seiden- oder Transparentpapier, dünner Draht (z.B. Blumenbindedraht), kleine Zange, Schere, gut deckende Bastelfarbe in braun, orange, schwarz und weiß, Pinsel, Klarlack

Die Toilettenpapier-Rolle mit geknülltem Zeitungspapier leicht ausstopfen. Danach etwas flach drücken, so dass sie walzenförmig wird. Danach mit eingekleisterten Zeitungspapierstreifen längs und quer bekleben, bis das gewünschte Körpervolumen erreicht ist. Als Kopf eine kleine Papierkugel formen und mit eingekleisterten Papierstreifen an den Körper kleben. Das Hinterteil bekommt eine Spitze:

Material zum Herstellen eines Käfers

Eine kleine Spitztüte drehen und mit ein paar eingekleisterten Papierstreifen ansetzen. Nun sind Fühler und Beine an der Reihe. Sie haben einen aus doppeltem Blumenbindedraht zurechtgebogenen Drahtkern.

Beine: Drei doppelt liegende Drähte von ca. 18 cm Länge jeweils mit eingekleistertem Zeitungspapier umwickeln. Aus einem Draht von 18 cm Länge entsteht jeweils ein Beinpaar. Achtung! Die Beine sollten nicht zu dick werden. Dann die Beinpaare an den Bauch kleben, dazu 2 bis 3 Papierstreifen verwenden. Beine in die richtige Position biegen (siehe Abbildung).

Fühler: Einen doppelt liegenden Draht so biegen, dass an jedem Ende ein «Schäufelchen» entsteht (siehe Skizze). Fühler – wie bereits die Beine – mit Papierstreifen umkleben, anschließend in die richtige Position biegen und mit einigen Papierstückchen und Tapetenkleister an die Stirn kleben.

Flügeldeckel: Die Flügeldeckel nach der Skizze aus Karton ausschneiden. Mit ein paar Lagen eingekleistertem Zeitungspapier beziehen, damit sie schön plastisch werden. Solange die Flügel noch feucht sind, formt man sie leicht rund, damit sie sich der Körperform des Käfers gut anschmiegen.

Maikäfer-Fühler aus Draht biegen und mit Papier bekleben (Originalgröße)

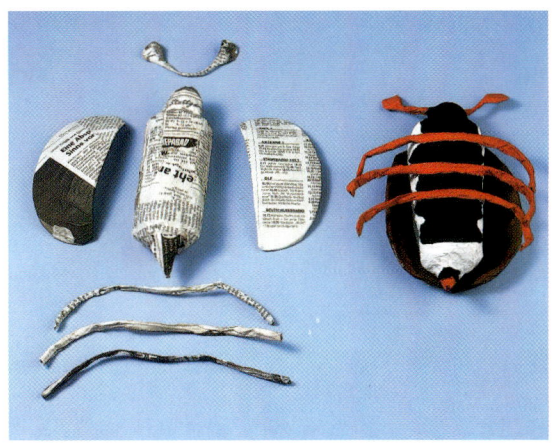

Entstehung eines Käfers

Dann muss alles gut durchtrocknen, das kann zwei bis drei Tage dauern. Danach kann mit dem Bemalen begonnen werden. Dabei orientiert man sich an den Abbildungen. Die Flügeldeckel werden separat bemalt, auch an der Innenseite, und erst angeklebt, wenn alles fertig und trocken ist. Man kann die Flügeldeckel ganz verschieden ansetzen, geschlossen oder etwas ausgebreitet. Sollen sie leicht ausgebreitet sein, sind die Hautflügel sichtbar. Als Hautflügel zwei Ovale in der entsprechenden Größe aus weißem Seiden- oder Transparentpapier ausschneiden und danach etwas zerknittern. Dann wieder glatt streichen und halb unter die Flügeldeckel kleben. Das wirkt sehr echt! Zum Schluss den ganzen Käfer oder auch nur die Flügeldeckel farblos lackieren, ganz wie man möchte, vorzugsweise matten Lack verwenden.

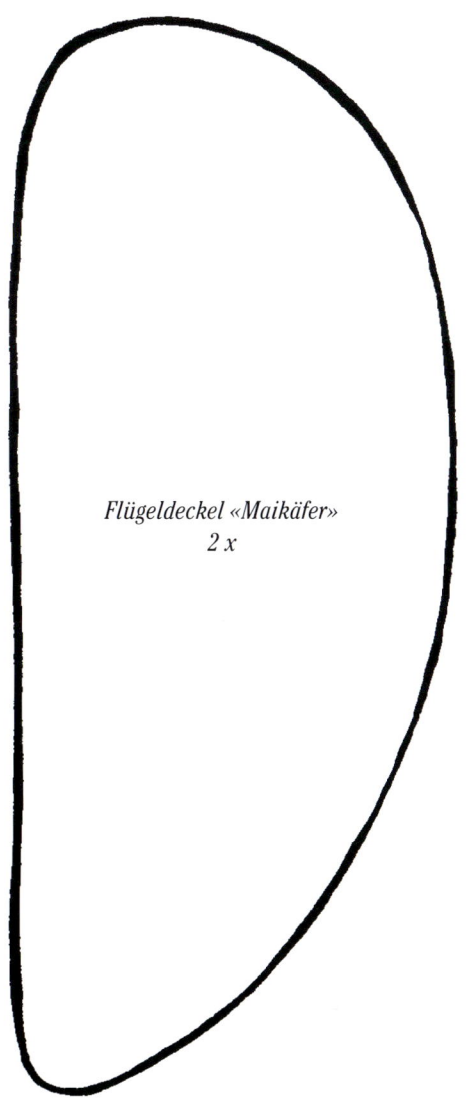

Flügeldeckel «Maikäfer»
2 x

Hirschkäfer

Material und Werkzeug:

Wie für den «Maikäfer», Bastelfarben in braun, schwarz und gelb.

Herstellung wie Maikäfer, ohne Schwanzspitze! Der Körper sollte etwas länger und dicker werden, also mit etwas mehr Zeitungspapier umwickeln.
Beine: Drei doppelt liegende Drähte, je 24 cm lang, umwickelt mit Papierstreifen.
Kopf: Aus Karton ein Rechteck von ca. 5 x 4 cm ausschneiden und mit eingekleisterten Papierstreifen gut umpolstern.
Fühler: Umwickelter Draht, siehe Skizze.
Geweih: Nach der Skizze aus Pappe ausschneiden und mit 2 bis 3 Papierlagen bekleben. Von unten an den Kopf kleben. Die Fühler knapp darunter kleben.
Flügeldeckel: Siehe Skizze, sonst wie Maikäfer.
Alles weitere wie beim Maikäfer beschrieben und aus den Abbildungen ersichtlich.

Marienkäfer

Material und Werkzeug:

Wie für den «Maikäfer», Bastelfarben in schwarz, rot und gelb.

Herstellung wie Maikäfer, Schwanzspitze ist nicht nötig. Der Körper ist etwas kürzer, daher von der Toilettenpapier-Rolle ca. 2 cm abschneiden.
Beine: Drei doppelt liegende Drähte von etwa 17 cm Länge, mit Papierstreifen umwickelt.
Fühler: Aus umwickeltem Draht, siehe Skizze.
Flügeldeckel: Siehe Skizze.

Alles weitere wie beim Maikäfer beschrieben und aus den Abbildungen ersichtlich.

Variation:
Kleiner Marienkäfer

Siehe dazu die Abbildungen vom «Werdegang» sowie Abbildung auf Seite 37 und Seite 48 vom Geburtstagsstuhl.
Etwas kleiner und einfacher ist dieser Marienkäfer. Natürlich kann man auch alle anderen Käfer auf diese Art vereinfachen.

Material und Werkzeug:

Zeitungspapier, Tapetenkleister, 1 Stück Karton, leere Toilettenpapier-Rolle, weißes Seiden- oder Transparentpapier, Zahnstocher, Schere, Bastelfarbe in schwarz und rot, Klarlack, Pinsel

Die Toilettenpapier-Rolle in der Mitte durchschneiden und mit geknülltem Zeitungspapier ausstopfen.

Hirschkäfer

Geweih aus Pappe ausschneiden
und mit eingekleistertem Zeitungspapier
beziehen

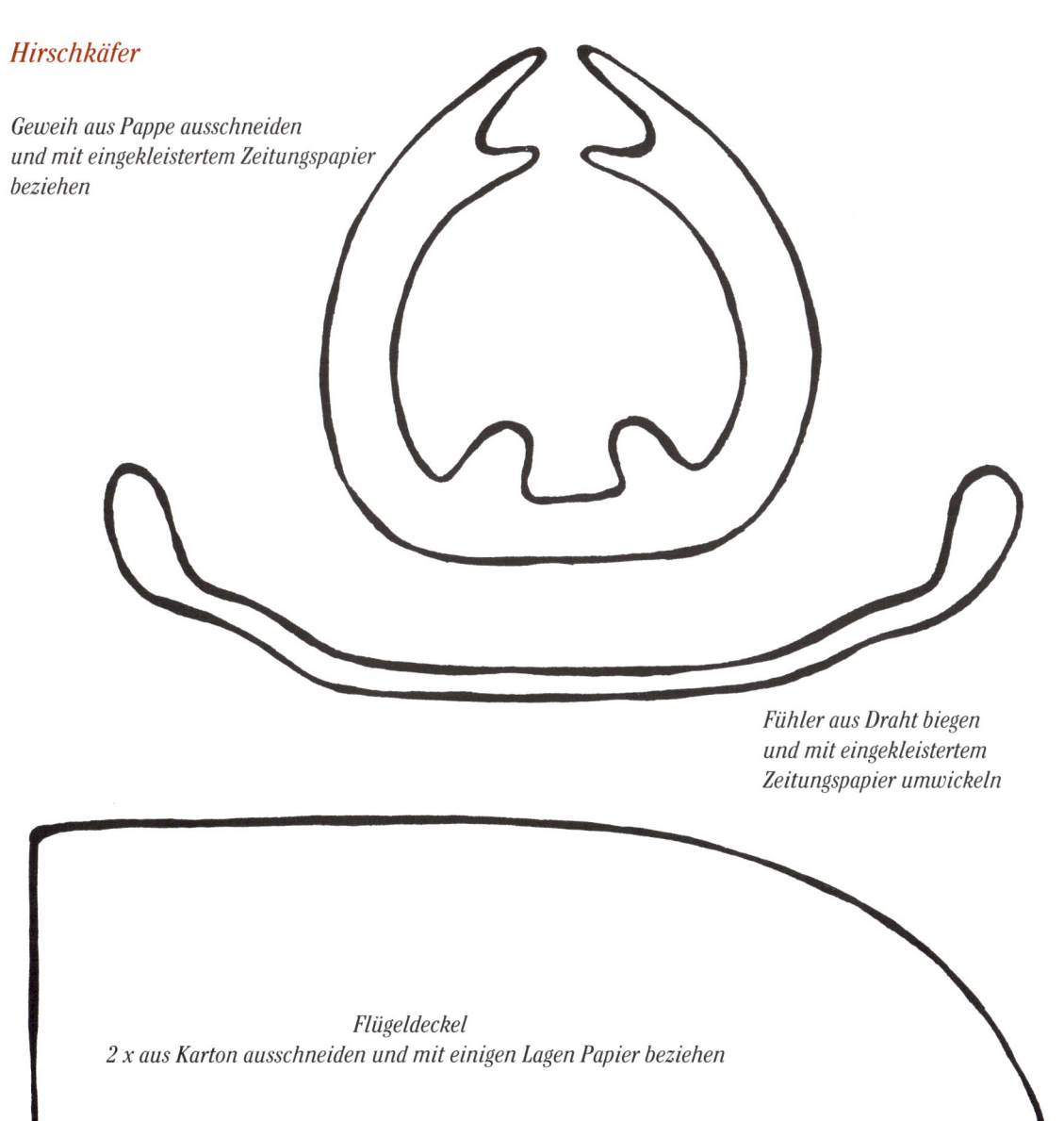

Fühler aus Draht biegen
und mit eingekleistertem
Zeitungspapier umwickeln

Flügeldeckel
2 x aus Karton ausschneiden und mit einigen Lagen Papier beziehen

Die Rolle mit eingekleisterten Papierstreifen längs und quer umkleben, bis eine rundliche Form erreicht ist. Als Kopf eine kleine Papierkugel formen und mit eingekleisterten Papierstreifen an den Körper ansetzen.

Fühler: Zwei Zahnstocherenden mit der Spitze voran in den noch feuchten Kopf stecken, evtl. schmale Papierstreifen zwischen die Fühler kleben um Unebenheiten auszugleichen.

Beine erhält dieser kleine Käfer nicht!

Flügeldeckel (Skizze) und *Hautflügel* wie beim «Maikäfer» beschrieben.

Entstehung eines kleinen, einfachen Marienkäfers.

Ein großer und fünf kleinere Marienkäfer

Fühler des großen Marienkäfers aus Draht biegen und mit eingekleistertem Zeitungspapier umwickeln

oben

Flügeldeckel großer Marienkäfer 2 x

Flügeldeckel kleiner Marienkäfer (Geburtstagsstuhl) 2 x

unten

*Fühler Rosenkäfer
aus Draht biegen und mit
eingekleistertem Zeitungspapier
umwickeln*

oben

*Flügeldeckel
Rosenkäfer*

2 x

unten

Rosenkäfer

Material und Werkzeug:

Wie für den «Maikäfer», Bastelfarben in maigrün, gelb und schwarz.

Herstellung wie Maikäfer, ohne Schwanzspitze. Da der Körper kleiner ist, von der Toilettenpapier-Rolle ca. 2 cm abschneiden.
Beine: Drei doppelte Drähte, 17cm lang.
Fühler: Siehe Skizze
Flügeldeckel: Siehe Skizze.
Alles weitere wie beim Maikäfer beschrieben und aus den Abbildungen ersichtlich.

Blumenstecker:
Blüten, Vogel, Fisch und «Lutscher»

Lustig bunte Blumenstecker machen sich gut in jedem Pflanzentopf, besonders wenn man ihn verschenken möchte. Einer unserer Blumenstecker sah nach dem Bemalen aus wie ein «Lolly». Das haben wir dann noch unterstrichen, und ihn in Klarsichtfolie eingepackt.

Material und Werkzeug:
1 Stück Karton, Zeitungspapier, Tapetenkleister, Alleskleber, Schaschlikspieße, Schere, Bastelfarben nach Wunsch, Klarlack, Pinsel.

Aus dem Karton zweimal die gewünschte Form ausschneiden. Die Formen mit Alleskleber zusammenkleben, vorher jedoch den Spieß bis etwa zur Mitte dazwischen schieben. Sollten die Formen hier am Spieß zu weit auseinander klaffen, können sie mit Klebeband zusammengehalten werden. Dann mit eingekleisterten Papierstückchen und -streifen glatt umwickeln, bis das gewünschte Volumen erreicht ist. Nun muss der Rohling einige Tage trocknen. Dann kommt das Schönste, die Bemalung. Zuerst alles mit einer Farbe grundieren, dann die Muster, den Vogel, die Blüte usw. aufmalen. Nach dem Trocknen lackieren, das hätten wir!

Anmerkung: Die Flügel des Vogels oder Hühnchens werden separat ausgeschnitten und erst nach dem Grundieren angeklebt.

Blühende Opuntie

Material und Werkzeug:
1 Stück Karton, Zeitungspapier, Tapetenkleister, Papier- oder Stoffblüte (die abgebildete Blüte stammt von einer Schießbude), Bastelfarbe in grün und gelb, Pinsel, Tontopf, gefüllt mit Sand oder Tongranulat, Schere.

Aus dem Karton die Kaktusform nach Wunsch ausschneiden. Nach unten hin wird der Kaktus zapfenförmig verlängert – zum Einstecken in den Blumentopf. Die Kartonform zunächst mit geknülltem Papier umpolstern, bis ein «saftiges» Kaktusblatt entstanden ist. Die letzte, gut eingekleisterte Lage sollte möglichst glatt und faltenfrei sein. Nachdem alles ein paar Tage getrocknet ist, den Kaktus satt grün bemalen. Die Stacheln werden durch gelbe Pünktchen angedeutet. Zum Schluss oben ein kleines Loch bohren und eine Blüte aus Papier oder Stoff hineinkleben. Den fertigen Kaktus in den mit Tongranulat oder Sand gefüllten Blumentopf stecken, fertig!

↑   *Eine blühende Opuntie aus*
Pappmaché und farbenfrohe
Blumenstecker beleben jede
Fensterbank

← *Die Verlängerung am Kaktusblatt*
dient zum «Einpflanzen»
in den Blumentopf

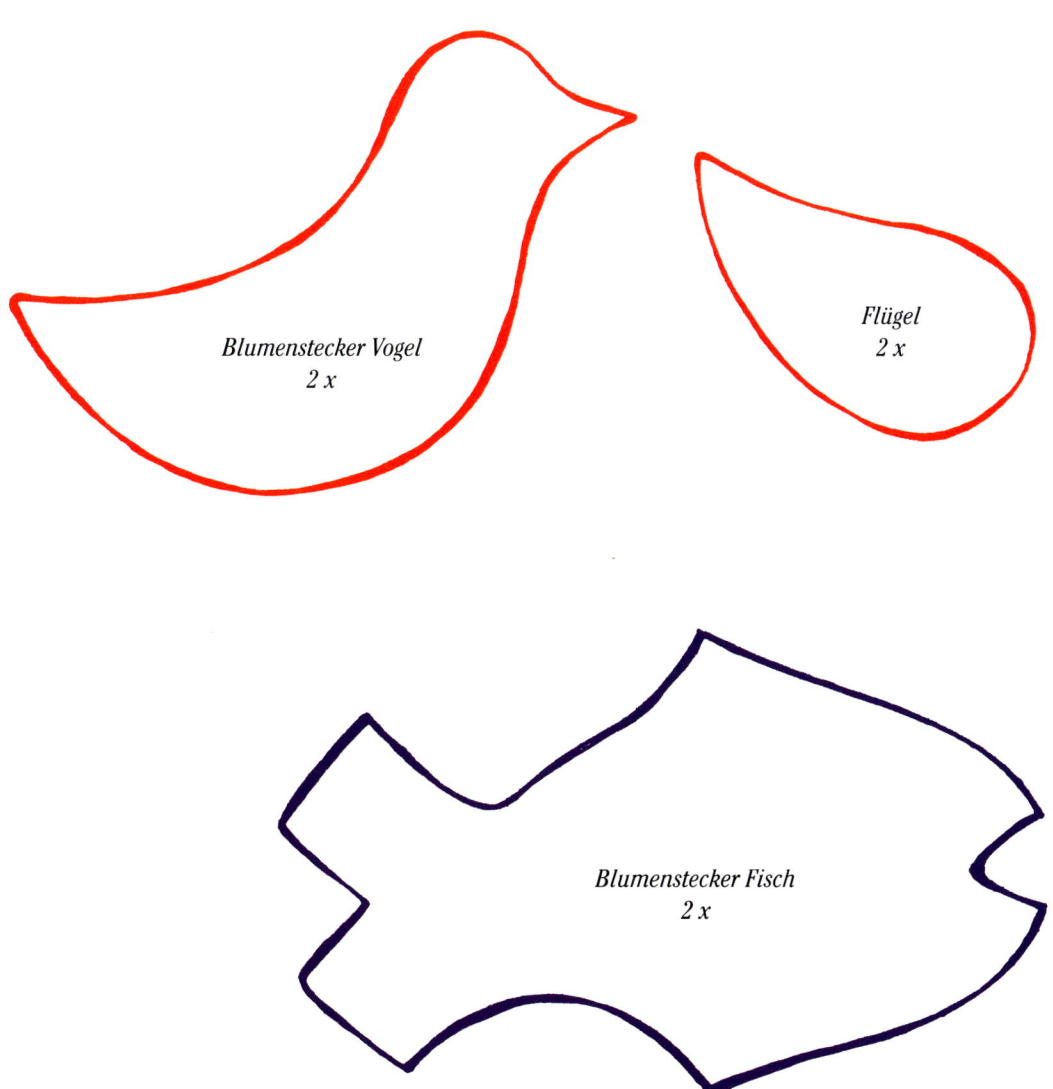

Blumenstecker Vogel
2 x

Flügel
2 x

Blumenstecker Fisch
2 x

41

Extravagant und dekorativ:
Knöpfe aus Papiermaché

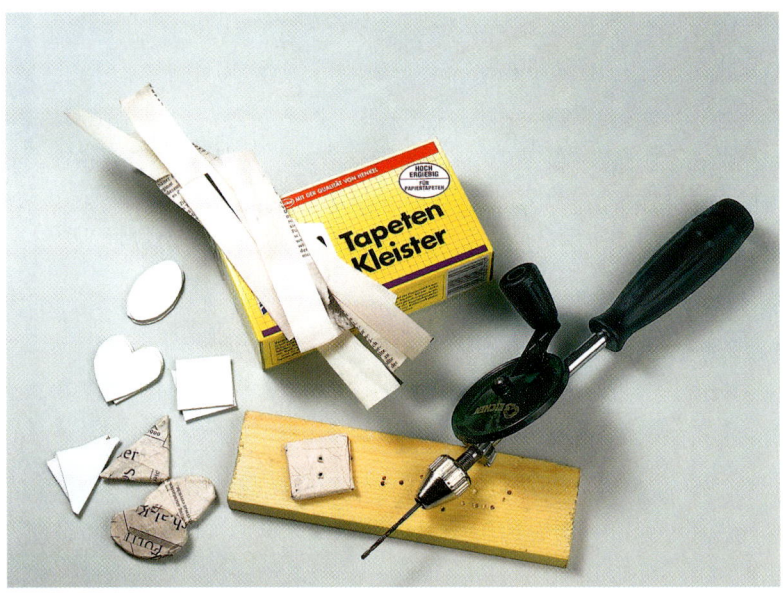

Material und Werkzeug zum
Herstellen von Papiermaché-
Knöpfen

Bemalte Knöpfe

Große Knöpfe in eigenwilligen Formen kann man ganz leicht aus Papiermaché selber machen. Näht man sie an Kleidungsstücke, müssen sie vor dem Waschen selbstverständlich abgenommen werden. Daher verwendet man diese Knöpfe lieber nur als dekorative Einzelstücke oder für Sachen, die nicht gewaschen werden. (Tasche aus Papierschnüren, Seite 68).

(Tasche aus Papierschnüren, Seite 68).

Material und Werkzeug:
Dünner Karton, Zeitungspapier, Tapetenkleister, Alleskleber, Pinsel, Handbohrer, Brettchen zum Unterlegen beim Bohren, wasserlösliche Bastelfarben, Klarlack.

Aus dem dünnen Karton die gewünschte Knopfform 3- bis 4-mal pro Knopf ausschneiden. Die Scheibchen mit Alleskleber übereinander kleben. Zeitungspapierstückchen und -streifen einkleistern, die kleinen Formen damit beziehen und umwickeln, bis der Knopf die gewünschte Dicke erreicht hat. Als letzte Schicht weißes Papier vom Rand der Zeitung verwenden. Nachdem der Knopf vollständig durchgetrocknet ist, bohrt man die Knopflöcher hinein – Brettchen darunter legen! Danach wird einfarbig grundiert. Nun kann man ihn ganz nach Wunsch entweder schlicht lassen oder nach Fantasie farbenfroh bemalen. Einige Anregungen sind abgebildet. Zum Schluss erhält er einen Überzug aus Klarlack. Knopf zum Bemalen und Lackieren auf eine Stricknadel stecken.

Blaues Tablett

Dieses Tablett ist selbstverständlich gebrauchsfähig. Zu schwer sollte man es aber trotzdem nicht beladen. Dank der Klarlackschicht ist es feucht abwischbar.

Material und Werkzeug:
1 stabiler Kartondeckel, etwa 50 x 30 cm, die Seitenwände sollten 5 bis 6 cm hoch sein, 1 Stück fester Karton zum Ausschneiden der Griffe, Zeitungspapier, Tapetenkleister, Schere, Pinsel, Alleskleber, wasserlösliche Bastelfarben oder Abtönfarben aus dem Malergeschäft, Klarlack, ebenfalls wasserlöslich.

So wird's gemacht:
Aus dem festen Karton die Griffe des Tabletts je 2-mal ausschneiden, Größe und Form nach Wunsch, jedoch sollten die Finger bequem durchfassen können. Die Griffe zusammenkleben (Alleskleber) und anschließend mit Alleskleber gegen die Seitenwände des Deckels kleben und evtl. noch antackern. Dann wird das Ganze mit breiten Zeitungspapierstreifen bezogen. Jeden Streifen gut mit Tapetenkleister einstreichen und ohne Lufteinschlüsse und möglichst glatt ankleben. Im Ganzen sollte das Tablett 5 bis 7 Papierschichten erhalten, auch an der Unterseite! Die Griffe und Griffansätze besonders sorgfältig bearbeiten. Als letzte Schicht weißes Papier verwenden, z.B. Einwickelpapier, die weißen Randstreifen der Zeitung oder einfaches Schreibpapier. Nun muss das Tablett einige Tage trocknen. Dann wird es angemalt. Wir hatten z.B. noch einen Rest weißer Wandfarbe von der letzten Renovie-

rung. Sie wurde mit dunkelblauer Bastelfarbe ge-
mischt. So entstand ein schönes hellblau. Ist die
Grundfarbe getrocknet, kann man das Tablett ganz
nach Wunsch bemalen. Wir haben es, wie die Abbildung zeigt, mit wenigen blauen Blüten geschmückt.
Zum Schluss wird das gute Stück mit Klarlack über-
zogen.

Zwei stabile, gebrauchstüchtige
Tabletts aus Pappmaché
Passend zum Kindertablett:
Muschelgeschirr aus Papierfaserstoff

Ein Tablett entsteht

Material und Werkzeug zum Herstellen eines Tabletts

Kindertablett

Die abgebildete Pappschachtel hatte einmal Kekse enthalten und bot sich in Form und Größe für ein Kindertablett geradezu an.

Material und Werkzeug:

Wie «Blaues Tablett», evtl. zusätzlich ein Teppichschneidemesser (Cutter).

Die Schmalseiten unseres Kartons waren breit genug um mit dem Cutter Griffe hineinzuschneiden. Maße der Einschnitte: 10 x 2,5 cm. Alles Weitere wie beim «Blauen Tablett» beschrieben. Das kleine Tablett zeigt ein Fischmuster (Fischform in Originalgröße siehe Seite 41). Das Motiv entweder direkt auf das Tablett oder auf Malpapier malen, ausschneiden und aufkleben. Anschließend wird das Ganze farblos lackiert.

Anmerkung: Man kann das Tablett natürlich mit allen möglichen Mustern bemalen: Blumen, Tiere, geometrische Formen, – oder es ganz schlicht einfarbig lassen. Passend zum Fischmotiv haben wir noch «Muschelgeschirr» hergestellt. Dabei handelt es sich um Pulpe-Abformungen wie sie auf Seite 50 beschrieben sind. Die getrockneten Formen wurden mit gut deckender Bastelfarbe bemalt und später farblos lackiert.

Margeriten-Geburtstagsstuhl

Ein «Geburtstagsstuhl» sollte eigentlich in keinem Haus fehlen! Ob alt, ob jung, an seinem Geburtstag darf jeder auf diesem prachtvollen Ehrenstuhl Platz nehmen und die Glückwünsche seiner Lieben entgegennehmen. Unser Geburtstagsstuhl hat die Form einer Blüte, sodass das Geburtstagskind meint, mitten in einer großen Blume zu sitzen, auf der obendrein noch Glückskäfer herumkrabbeln.

Material und Werkzeug:

1 alter Stuhl, z. B. ein ausrangierter unansehnlicher Gartenstuhl, egal welches Material (einzige Bedingung: Stabil muss er sein), Karton, Pappröhren, z.B. Versandrollen, Küchenrollen usw., Zeitungspapier, Tapetenkleister, Klebeband, Schere, Wäscheklammern, weiße Wandfarbe, Bastelfarben oder Dispersionsfarben, Klarlack, Pinsel.

Wer einen solchen Geburtstagsstuhl herstellen möchte, muss etwa eine Woche Arbeit einplanen. Man kann sich nun weitgehend an diesen Vorschlag und die nachfolgende Beschreibung halten oder aber eine ganz andere, eigene «Création» entwickeln. Dabei muss man sich ja auch nach der Form des Stuhles, der einem zur Verfügung steht, richten.

Zunächst werden die Stuhlunterseite und die Beine kaschiert, also den Stuhl umdrehen, damit die Beine in die Luft ragen. Beine mit Pappröhren überziehen. Sind die Röhren z.B. zu groß, schlitzt man sie der Länge nach auf, passt sie den Stuhlbeinen an und umwickelt sie mit Klebeband. Wer dicke Stuhlbeine wünscht, umpolstert sie zuerst mit Zeitungspapier und schiebt dann die Papprollen darüber. Die

Am Anfang stand ein alter Gartenstuhl

46

Blütenblätter und Armlehnen entstehen

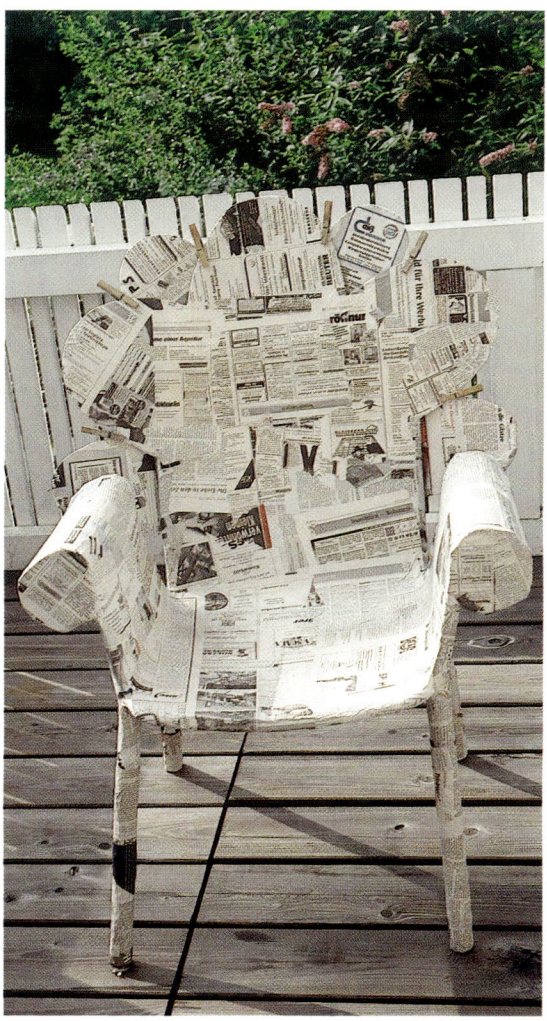

Bereit zum Grundieren

47

Fertig ist das Prachtstück!

Standflächen mit festen Pappscheiben abschließen. Die Stuhlunterseite mit dünnem Karton bekleben: Karton zuschneiden, mit Tapetenkleister bestreichen, andrücken. Später Beine und Unterseite mit breiten, eingekleisterten Zeitungspapierstreifen bekleben und beziehen. Am nächsten Tag den Stuhl auf die Beine stellen und Sitzfläche und Lehne ebenso mit dünnem Karton und Zeitungspapier beziehen, dabei nicht mit Tapetenkleister sparen! Darauf achten, dass ohne Lufteinschlüsse und nach Möglichkeit «faltenarm» gearbeitet wird. Die Arm-

lehnen nach Wunsch gestalten. Wir haben die Armlehnen mit Kartonplatten geschlossen, breite Kartonröhren darum geformt und alles mit Klebeband fixiert. Ebenfalls aus Karton wurden zunächst drei große, abgerundete Blütenblätter ausgeschnitten und mit Klebeband von innen gegen die Lehne geklebt. Anschließend musste alles wieder mit satt eingekleistertem Zeitungspapier bezogen werden. Am nächsten Tag wurde die Blüte noch üppiger, indem weitere 4 Blütenblätter von hinten angefügt wurden (mit Klebeband und Zeitungspapierstreifen). Zum Fixieren, bis der Kleber getrocknet war, dienten die Wäscheklammern. Der ganze Stuhl sollte zum Schluss rundherum mit mindestens 7 Schichten Zeitungspapier bezogen sein. Erst nachdem alles vollständig durchgetrocknet ist, darf der Stuhl mit weißer Wandfarbe angestrichen werden. Wer seinen Stuhl farbig bemalen möchte, sollte ihn trotzdem vorher mit weißer Wandfarbe grundieren. Wir haben die Beine anschließend grün bemalt, sie sollen die Stängel darstellen. Während die Farbe trocknet, stellt man 6 grüne Blätter her: Blattformen aus Karton ausschneiden und mit Zeitungspapier bekleben. Solange sie noch feucht sind, kann man sie in verschiedene Blattformen zurechtbiegen, damit sie nicht so starr aussehen. Nach dem Bemalen und Trocknen werden sie von hinten mit Alleskleber zwischen die Blütenblätter geklebt und mit Wäscheklammern festgehalten. Eventuell kann man noch einmal einige Lagen Zeitungspapier darüber kleben und anschließend wieder übermalen. So wird die Blütenmitte gestaltet: Sonnenform in hellgelb mit dem Pinsel malen. Das Blütenkissen wird mit dem Zeigefinger aufgetupft. Man verwendet verschiedene Gelb-, Orange- und Brauntöne und gestaltet die Mitte etwas dunkler als den Rand. Jetzt wären die Marienkäfer an der Reihe; wie man sie herstellt, ist auf Seite 34 ff. beschrieben. Zum Schluss den ganzen Stuhl, auch die Unterseite, mit Klarlack überziehen.

Anmerkung: Die hier vorgeschlagene Blumenform ist nur eine von ungezählten Möglichkeiten einen Geburtstagsstuhl zu gestalten. Wie wär's mit einem «Meeres-» oder «Nixenstuhl» in wasserblau, mit Muscheln, Seepferdchen und anderen «maritimen»

Dingen? Oder einem «Himmelsstuhl», an dem Sonne, Mond und Sterne prangen? Der Fantasie sind also keine Grenzen gesetzt! Es macht übrigens sehr viel Freude, einen Geburtstagsstuhl in Gemeinschaftsarbeit herzustellen. Er könnte auch im Kindergarten, Klassenzimmer oder sogar am Arbeitsplatz stehen!

5. Abformen und Modellieren mit Papierfaserstoff (Pulpe)

Herstellung der Pulpe siehe Seite 16: «Zubereitung des Papierfaserstoffes».

Papierfaserstoff, wie er aus dem Mixer kommt, wäre viel zu flüssig zum Abformen, daher müssen wir einen Teil des Wassers abpressen. Dazu den Brei in ein Sieb geben und abtropfen lassen. Mit den Händen abpressen, bis eine geschmeidige, gut formbare Masse entstanden ist. Je länger man die eingeweichten Papierstückchen im Mixer zerkleinert, desto feiner wird die Masse. Wenn man farbige Pulpe wünscht, weicht man einige Tonpapierschnipsel oder Papierservietten in der gewünschten Farbe mit ein. Man kann die fertige Pulpe auch mit Farbpigmenten, farbigen Erden oder wasserlöslicher Bastelfarbe verkneten. Nun ist der Papierfaserstoff fertig, um Abformungen von Muscheln, Ammoniten und anderem herzustellen. Wichtig ist, dass die abzuformenden Gegenstände eine deutliche, ausgeprägte, interessante Struktur aufweisen und flach oder nur wenig gewölbt sind. Dieser Pulpe *niemals* Kleister oder Gipspulver beimengen, sie würde dadurch an den Gegenständen haften bleiben und alles wäre verdorben. Dasselbe gilt auch für Abformungen aus Gips-Negativformen, wie z.B. denen der Wellhornschnecken auf Seite 62 ff. Reizvolle Abformungen entstehen z.B. aus Pflanzenpulpe, deren Zubereitung auf Seite 21 beschrieben ist.

Wer Perlen, Schalen, Ostereier usw. modellieren möchte, versieht die Pulpe dagegen mit Tapetenkleister und Gipspulver, wie bei den entsprechenden Anleitungen beschrieben. Dann kann man die Ob-

Im Klarsichtgefäß sieht man Pulpe, wie sie aus dem Mixer kommt. Im Sieb läuft überschüssiges Wasser ab. Unten im Bild: Eine Kammmuschel wird zum Abformen mit Pulpe bedeckt.

jekte später schleifen und schmirgeln, darüber hinaus sind sie sehr stabil.

Zum Abformen benötigt man außer der Pulpe und dem abzuformenden Gegenstand meistens noch ein kleines Messer.

Und so wird's gemacht:

Den Papierfaserbrei auf den Gegenstand auftragen, andrücken und glattstreichen. Die Masse nicht zu dick auftragen, sonst wird das Objekt zu plump. Andererseits dürfen aber keine Löcher oder ungleichmäßige Stellen entstehen; also auf das richtige Mittelmaß achten. Nach ein paar Tagen ist die Pulpe vollständig durchgetrocknet. Dann löst man die Form am Rand rundherum vorsichtig mit dem Messer, um sie dann im Ganzen abzuheben. Nun ist ein genaues Negativ entstanden.

Am Zauberstrand

… könnten diese Dinge angeschwemmt worden sein. Es sind Muschelabformungen in verschiedenen Größen und ein Seestern aus Pappmaché. Die kleine Muschel wurde mit Bastelfarben bemalt und farblos lackiert. Der weiße «Korallenzweig» war einmal ein Margeritenbusch. Der Schwamm ist ein Mitbringsel aus Griechenland. Einige echte, mit Goldfarbe überzogene Muscheln vervollständigen das Ensemble. Den dekorativen Seestern haben wir wie folgt hergestellt: Den Stern nach der Skizze aus Karton ausschneiden und mit eingekleisterten Papierstückchen bekleben. Etwas Papier knüllen um die Mitte aufzubauen. Anschließend noch 2 bis 3 Lagen darüber kleben. Als letzte Lage kann man weißes Seidenpapier verwenden. Die Arme erhalten zum Schluss noch je eine erhabene Linie, die man aus einem langen dünnen Papierröllchen formt und dann aufklebt. Die Arme zurechtbiegen, damit der Stern lebendiger aussieht. Nach dem Trocknen wird er bemalt und matt lackiert.

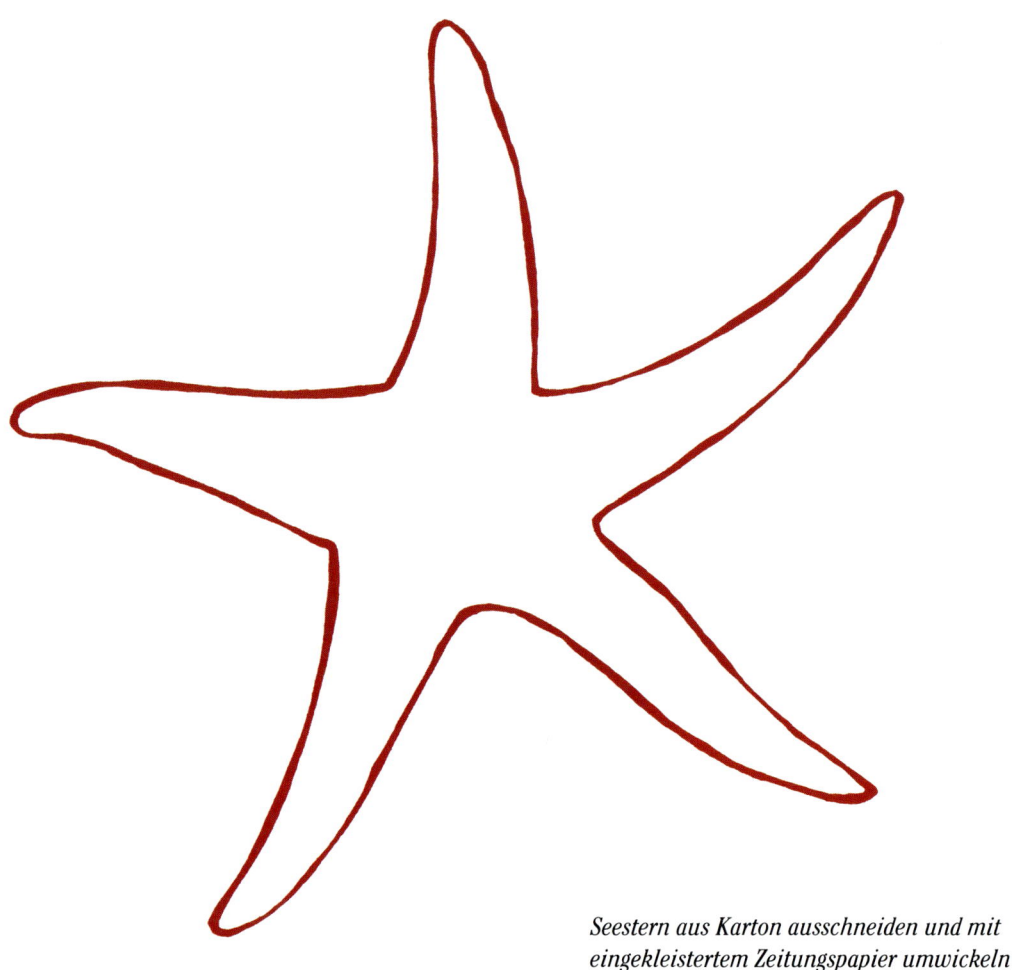

*Seestern aus Karton ausschneiden und mit
eingekleistertem Zeitungspapier umwickeln*

Ammonit-Formen im Objektkasten

Diese beiden Ammonitenformen kommen in dem kleinen Objektkasten zusammen mit Heu und silbernen Sternchen gut zur Geltung. Das Besondere an ihnen ist, dass die Pulpe mit Erdpigmenten aus Roussillon in der Provence (Frankreich) eingefärbt wurde.

Oben: Ammonit aus dem Oberjura mit Abformungen aus verschiedenen Pulpemischungen

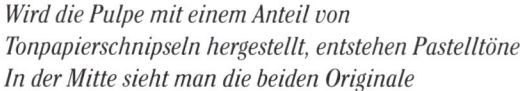

Muschelformen aus Pflanzenpulpe

Oben: Diese Abformungen stammen alle von derselben Muschel, die rechts oben im Sand steckt. Dem Papierfaserbrei wurden unterschiedliche Pflanzen beigemengt, u.a. Lavendel, Brennnessel, Zwiebelschalen, Kaffee.

Wird die Pulpe mit einem Anteil von Tonpapierschnipseln hergestellt, entstehen Pastelltöne. In der Mitte sieht man die beiden Originale

Bilderrahmen aus Muschelabformungen

Die Muschelabdrücke wurden auf ein Pappkreuz geklebt und so angeordnet, dass in der Mitte eine rechteckige Aussparung zum Aufnehmen der Fotografie entstand. Von hinten eine Öse zum Aufhängen ankleben oder einen Ständer aus Karton montieren. Das Foto hinter ein kleines Passepartout schieben.

Ein Fächer wird mit Brennnesselpulpe beschichtet

Papierobjekt, bestehend aus der Fächerabformung, Pulpekugeln, Brennnessel-, Orangen- und Schilfpapier

Fächer-Abformungen

Ein aus Pflanzenfasern geflochtener Fächer eignet sich wegen seiner ausgeprägten Struktur besonders gut zum Abformen. Die Abbildung zeigt, wie der Fächer mit Pflanzenpulpe bepackt wird, in diesem Fall aus 2 Teilen Altpapier und 1 Teil Brennnesseln, alles zusammen im Mixer zerkleinert! Daneben ist die fertige, trockene Abformung zu sehen. Von solch einem Fächer lässt sich die Form besonders gut ablösen, da der Fächer ja flexibel ist, man braucht also kein Messer. Bitte mit dem Abnehmen unbedingt so lange Warten, bis alles «knochentrocken» ist, da sonst alles verdirbt.

Duftender Tischschmuck

Gibt man der Pulpe Gewürze, Blüten und / oder Aromaöle hinzu, entstehen duftende Fächer. Kombiniert mit anderen Naturmaterialien und Kerzen entsteht so eine stimmungsvolle Tischdekoration, die Auge und Nase erfreut.

Dazu Vorschlag auf Seite 57.

Lavendelfächer:

Der blauen Pulpe wurden eingeweichte und ebenfalls im Mixer zerkleinerte Lavendelblüten beigemischt (ca. 2 Teile Altpapier und 1 Teil Lavendelblüten). Zusätzlich, oder wenn man nicht so viele Blüten zur Verfügung hat, gibt man Lavendelöl in die Pulpe.

Erfreut Nase und Augen:
Duftender Tischschmuck mit
Lavendel und Zitrone

Zimtfächer:

Der orange-zimtfarbenen Pulpe Gewürze wie Zimt, Muskatnuss, Nelken sowie einige Tropfen Aromaöl beimengen. Auch die Pulpe-Kugeln enthalten wohlriechende Kräuter und Aromaöle

Dieses Ensemble mit einem Pulpe-Fächer in der Mitte duftet nach Zimt, Rosen, Muskat und weiteren Gewürzen.

Schalensätze aus Pflanzenpulpe

Diese Schalen sind erstaunlich stabil, obwohl sie, abgesehen von dem kleinen Tapetenkleister-Zusatz, doch nur aus Papierfaser bestehen. Man kann alles Mögliche hinein tun oder sogar ein ungewöhnliches Wandobjekt daraus gestalten. Die abgebildete Lavendel-Pulpeschale strömt ständig einen feinen Lavendelduft aus, daher benutzen die Kinder sie als «Schlafschale» für ihren blauen Lieblingsteddy. Die Innenseiten der Schalen sind glatt, die Außenseiten haben eine körnige, rauhe Struktur, die sich angenehm anfühlt, wenn man mit der Hand darüber fährt.

Die abgebildeten Schalen enthalten Zusätze folgender Pflanzen:

Blaugrauer Schalensatz von außen nach innen: Lauch, Lavendel, Brennnessel, wieder Lauch und Lavendel.

Orangerosa Schalensatz von außen nach innen: Orangenschalen, Rosenblätter, Zwiebelschalen, wieder Orangenschalen, diesmal mit rosa Tonpapierschnipseln.

Material und Werkzeug:

Gut formbare Pulpe von tonartiger Konsistenz, mit Pflanzenzusatz nach Wunsch (Bitte nachlesen auf den Seiten 16, 21, 50). Je nach Größe der späteren Schale (Ballgröße) 1 bis 3 Esslöffel angerührten Tapetenkleister mit der Pulpe verkneten. Als Formgeber dient ein normaler Spielball, dem schon etwas Luft fehlt, aber ohne «Dellen», oder ein Wasserball (stramm aufblasen!). Zum Absetzen des Balls, während man die Pulpe aufträgt und während sie trocknet, dient ein Gefäß (Vase, Schüssel, Tasse).

Alte Bälle dienen als Formgeber für unsere Pulpeschalen

Die Schale aus Lavendelpulpe strömt einen feinen Blütenduft aus, die Kinder benutzen sie als «Schlafschale» für ihren Lieblingsteddy

Und so geht's:

Man nimmt immer eine kleine Hand voll Pulpe und streicht und schichtet sie gleichmäßig auf den Ball. Die Schicht sollte weder zu dick sein, noch dürfen Löcher entstehen. Zum Schluss ist der Ball etwa bis zur Hälfte beschichtet. Wer eine flache Schale wünscht, bedeckt eine kleinere Fläche mit Pulpe. Nun heißt es einige Tage geduldig warten, bis alles wirklich gut durchgetrocknet ist. Dann wird der Ball geknetet und gedrückt, bis man die Schale abnehmen kann. Das ist ein besonders schöner Moment. Nun wird klar, warum wir einen «luftarmen» Ball verwenden sollten. Von einem festen Ball könnten wir die Schale nämlich nicht so ohne weiteres abbekommen. Wer einen Wasserball genommen hat, braucht jetzt nur noch die Luft heraus zu lassen.

Hinweis: Zum Beschichten muss man den Wasserball möglichst fest aufblasen. Luftballons eignen sich weniger, sie sind nicht stabil genug und viel zu rutschig!

Wenn die Pulpe mit dem Kleister-Zusatz verknetet wird immer nur kleine Mengen Kleister nach und nach zugeben, damit die Masse nicht plötzlich zu nass und zu klebrig wird.

Gleichgroße Perlen erhält man durch Abmessen der Pulpe mit einem Portionslöffel

Die Kugeln in der Glasschale sind bereits getrocknet und können nun geschmirgelt werden

Perlen

Perlen aus Pulpe, Gipspulver und Tapetenkleister kann man ganz nach Wunsch und Fantasie bemalen. Auf diese Art entsteht z.B. ein ganz individuelles, zur Kleidung passendes Collier. Ein zartes Papierkugelarmband ist auf Seite 23 zu sehen.

Material und Werkzeug:

Feine Pulpe, Herstellung siehe Seite 16 (Papierschnipsel im Mixer gründlich zerkleinern, damit der Brei möglichst fein wird), Gipspulver, Tapetenkleister, Stricknadeln, Größe ca. 2 1/2, feines Sandpapier, Schnur oder Lederband zum Auffädeln, Farbe, Klarlack, Pinsel, Portionslöffel, z.B. Kaffeelöffel.

Die Pulpe wie beschrieben herstellen. Den Brei nach dem Zerkleinern im Mixer in ein Sieb geben und überschüssiges Wasser herausdrücken. Dann die Masse mit Gipspulver und angerührtem Tapetenkleister verkneten. Das Ganze nur grob «über'n Daumen» abmessen: Auf 2 Teile Pulpe knapp 1 Teil Gipspulver mit Tapetenkleister (zu etwa gleichen Teilen). Wichtig ist, dass eine geschmeidige, gut formbare Modelliermasse entsteht. Damit die Perlen etwa gleich groß werden, portioniert man die Menge mit einem Löffel. Jede Portion zu einer Kugel rollen und mit der Stricknadel ein Loch zum Aufziehen durchstechen. Meistens verformen sich die Kugeln dabei. Dann rollt man sie noch einmal rund. Zum Trocknen bleiben die Perlen auf der Stricknadel. Während des Trocknens rollt man die Kügelchen ab und zu kurz zwischen beiden Händen, damit sie

Collier im japanischen Stil

schön rund bleiben, und steckt sie anschließend wieder auf die Nadel. Nach dem Trocknen werden die Perlen mit Sandpapier geglättet. Danach bemalt man sie nach Wunsch. Zum Schluss mit Klarlack überziehen. Zum Bemalen und Lackieren steckt man sie wieder auf die Stricknadel.

Wichtige Hinweise: Die Kugeln erhalten von vornherein eine Grundfarbe, wenn farbige Pulpe verwendet wird. Dazu kann man entweder farbige Papierschnipsel als Ausgangsmaterial verwenden oder wasserlösliche Bastelfarbe in die Pulpe kneten.

Kugeln, die mit einem Muster bemalt werden sollen, vorher mit wasserlöslicher Bastelfarbe grundieren. – Beim Formen der Kugeln bitte zügig arbeiten, bevor der Gips abbindet.

Wir haben unsere schwarzen und weißen Kugeln mit japanischen Schriftzeichen versehen. So entstand ein extravaganter Schmuck mit «fernöstlichem Flair».

Nur für's Auge: Papier-Konfekt

Für den Kaufladen: Pulpe-Törtchen

Material und Werkzeug:
Pulpe wie auf Seite 16 beschrieben, Holz- oder Glasperlen zum Verzieren («Kirschen», «Nüsse», «Pistazien»), Tapetenkleister, Farbe, Klarlack, Pinsel, Goldpapier, Papierförmchen, evtl. Messer und Löffel zum Formen.

Aus feiner weißer Pulpe entstehen «Sahnetörtchen», aus gröberer, bräunlicher Pulpe «Nusskuchen» usw. Nach Lust und Laune das Konfekt formen, einige Anregungen sind abgebildet. Nach dem Trocknen bemalen. «Schokoladenguss» entsteht aus einer Mischung von brauner Bastelfarbe und Kleister. Zum Schluss alles mit farblosem Lack überziehen und in die Papierförmchen kleben.

Hinweis: Sind Kleinkinder im Haus, sollte man diese Törtchen lieber nicht herstellen!

Wellhornschnecken-Objekte

Die Wellhornschnecke steht hier stellvertretend auch für andere Gegenstände, die man auf die im Folgenden beschriebene Weise abformen kann. Es ist wichtig, dass die Gegenstände eine prägnante Form haben. Unglasierte Tongegenstände eignen sich nicht, denn sie würden sich aus dem Gipsbett nicht mehr herauslösen lassen. Bevor man den Gegenstand in den Gips versenkt, um die Negativ-Form herzustellen, pinselt man ihn mit einer dünnen Schicht Speiseöl ein. Der Ölfilm erleichtert das Herausheben aus dem Gipsbett. In die ausgehärtete Negativ-Form füllt man später den Pulpe-Brei. So erhält man Positiv-Abgüsse des Gegenstandes. Die Gipsform lässt sich viele Male verwenden.

Aus mehreren, interessant angeordneten Abformungen entstehen so z.B. reliefartige Wandobjekte oder andere Installationen. Die Abformungen lassen sich auch sehr gut bemalen und lackieren.

Material und Werkzeug:
Wellhornschnecke, Modelliergipspulver, Kunststoffbehälter (z.B. von Lebensmitteln, etwas größer als die Schnecke), Papierfaserbrei (Pulpe-Herstellung siehe Seite 16), Farben Pinsel, Klarlack.

Das Gipspulver wie auf der Packung beschrieben anrühren und in den Kunststoffbecher füllen, aber bitte nicht ganz bis zum Rand, sondern oben 2 bis 3 cm frei lassen. Die dünn mit Öl bestrichene Wellhornschnecke zu etwa 2/3 in den Gipsbrei drücken, die Schneckenhausöffnung nach oben! Achtung: Die

Zu dem Abbildungen:

1. Die Schnecke wird in den Gipsbrei gedrückt

2. Die entstandene Negativform ist mit Papierfaserstoff gefüllt

3. Die getrocknete Positivform aus Papier wird abgehoben

1.

2.

3.

Wandobjekt aus weiß-gold bemalten Wellhornschnecken-Abformungen

Schnecke auf keinen Fall zu tief in den Gips versenken. Das Haus muss sich noch gut fassen lassen. Wichtig: Der Gips sollte noch nicht ganz ausgehärtet sein, wenn man die Schnecke wieder heraus hebt. Ist das geschafft, hat man eine genaue Negativ-Form des Schneckenhauses, die nun beliebig oft mit Papierfaserbrei gefüllt werden kann. Die Pulpe dann jeweils einige Tage in der Gipsform trocknen lassen. Dann kann man die neue papierene Positiv-Form mühelos herauslösen.

Ostereier

Im Inneren dieser interessanten Ostereier stecken echte ausgeblasene Hühnereier. Die farbige Pulpe bildet eine dünne Schicht darum herum. Mit dem Papierfaserstoffbrei in unterschiedlichen Farben kann man ganz vielfältige Muster gestalten: Marmorierungen, Flecken, Punkte, Streifen usw. Obendrein sind diese Eier absolut unzerbrechlich!

Material und Werkzeug:
Ausgeblasene Hühnereier, feiner farbiger Papierfaserstoff (Pulpe), Tapetenkleister, Modelliergips, Sandpapier (feinkörnig), Bienenwachsbalsam oder farbloses Lederfett, weicher Lappen.

Pulpe-Herstellung siehe Seite 16, Pulpe-Abformun-

Oben:
Das getrocknete Ei ist bereits
geschmirgelt und wird nun mit
Bienenwachsbalsam eingerieben

Unten:
Das ausgeblasene Hühnerei wird
mit farbiger Pulpe beschichtet

gen siehe Seite 50. Farbige Pulpe erhält man, wenn
man farbiges Papier den normalen Altpapierschnip-
seln zugibt (z.B. Tonpapierschnipsel, die sehr farb-
intensiv sind) oder dem fertigen Papierbrei Bastelfarbe untermischt. Die erste Möglichkeit ist jedoch
der Zweiten vorzuziehen. Die Pulpe-Masse mit angerührtem Tapetenkleister (cremige Konsistenz)
und Gipspulver verkneten, bis eine tonartige Modelliermasse entstanden ist. Das ausgepustete Ei dünn
und gleichmäßig damit beschichten, andersfarbige
Muster nach Wunsch einarbeiten. Achtung: Das Pul-
pe-Gips-Kleister-Gemisch immer nur in kleinen
Mengen anmischen, nur soviel, wie für ein Ei benö-

*Unzerbrechliche Ostereier mit einem bunten Mantel
aus Papierfaserstoff*

*Kein Speiseeis!
Pulpe-Kugeln befinden sich
in dieser Schale*

tigt wird. Die Arbeit ohne Unterbrechung ausführen bevor der Gips bindet! Dann muss das Ei einige Tage trocknen. Erst wenn es vollkommen hart und trocken ist, wird es gründlich und ohne Druck geschmirgelt. So kann man Unebenheiten ausgleichen und die Form noch etwas korrigieren. Das Ei fühlt sich danach wie Samt an. Die Farben sehen jetzt ziemlich «neblig» aus. Das ändert sich, sobald wir es mit dem Balsam einreiben. Vorher die Eier bitte abbürsten, um die Staubreste vom Schmirgeln zu entfernen. Balsam oder Lederfett mit einem weichen Lappen satt einreiben, später nachpolieren – fertig!

Hinweis: Während des Schmirgelns besser einen Mund- und Nasenschutz tragen um «Niesanfälle» zu vermeiden, denn es staubt sehr!

Wer seine Eier später aufhängen möchte, nimmt ein kleines Stückchen Streichholz oder Zahnstocher und bindet einen Faden daran. Das Hölzchen in das Loch an der Spitze des ausgeblasenen Eis stecken und quer stellen. Dann das Ei, wie beschrieben, mit Pulpe beschichten und dabei das Loch schließen. Aufpassen, dass der Faden nicht mit in die Schicht gerät.

Pulpe-Kugeln

Diese getrockneten Pulpe-Kugeln erfüllen zwei Aufgaben auf einmal: Einmal lassen sie sich dekorativ in einem Glas als Blickfang aufbewahren, außerdem – und das ist ihre Hauptaufgabe – dienen sie als Pulpe-Vorrat. In Wasser eingeweicht, lösen sie sich nämlich wieder auf und man kann Papier schöpfen oder modellieren – vorausgesetzt, die Kugeln wurden nicht mit Kleister oder Gips vermischt!

6. Einschlüsse in Transparentpapier

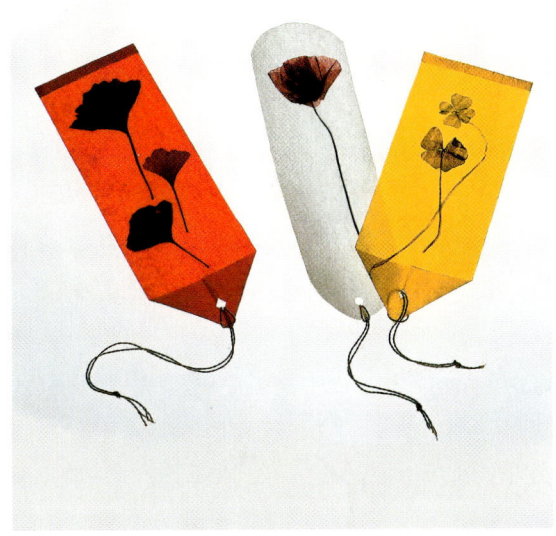

Zwischen zwei Lagen Transparentpapier (auch Pergamin- oder Drachenpapier genannt) kann man gut Zartes und Filigranes wie gepresste Gräser, Blüten, Blätter und anderes einschließen. Dabei entstehen durchscheinende Fensterbilder, Laternen, Lesezeichen, zarte, transparente Schalen und vieles mehr.

Material und Werkzeug:

Transparentpapier in hellen Tönen, Tapetenkleister, Schere, Lineal, breiter Pinsel, als Einschlüsse zarte, gepresste Pflanzen. Wir haben Klatschmohnblüten, vierblättrige Kleeblätter, die schon jahrelang zwischen Buchdeckeln gelegen hatten, Ginkgo-Blätter usw. verarbeitet. Man kann auch Scherenschnitte, Faltschnittsterne und dergleichen einschließen.

Lesezeichen und Fensterbilder

Zwei gleich große Lagen Transparentpapier satt mit Tapetenkleister von cremiger Konsistenz einstreichen. Auf der einen Lage das Objekt (Blatt, Blüte, usw.) platzieren. Dann die zweite Lage genau darüber legen (vorzugsweise mit vier Händen!), gut andrücken, Lufteinschlüsse vorsichtig ausstreichen. Nachdem alles gut getrocknet ist, das wellige Papier zwischen dicken Büchern ein paar Tage pressen, dann von beiden Seiten vorsichtig bügeln. Der etwas knittrige, faltige Effekt ist ein zusätzliches Gestal-

Geschützt und fixiert zwischen zwei Lagen Transparentpapier bleiben selbst zarte, filigrane Blüten und Blätter unversehrt

tungsmittel und keineswegs störend. Das Bild oder Lesezeichen, wenn gewünscht, zurechtschneiden wie die Vorschläge zeigen.

Tipp: Wer besonders schöne und ungewöhnliche Blätter sucht, unternimmt einmal im Herbst einen Spaziergang durch einen botanischen Garten. Dort fallen einem die tollsten Blätter vor die Füße!

Zitronenschale

Material und Werkzeug:
Transparentpapier in farblos, bzw. weiß und gelb, Tapetenkleister, breiter Pinsel, getrocknete und gepresste Zitrusscheiben, fest aufgeblasener Wasserball, Weckglas oder Dose.

Den Wasserball auf das Glas oder die Dose setzen und etwa zur Hälfte mit Tapetenkleister von cremiger Konsistenz bestreichen. Eine große Lage ebenfalls mit Kleister eingepinseltes weißes Transparentpapier um den Ball schlagen und formen.

Nicht nur dekorativ, sondern durchaus gebrauchsfähig: eine transparente, duftige Zitronenschüssel

Die eingekleisterten Papierlagen werden um einen Wasserball geformt

Darüber kommen dann noch zwei Lagen. Das Papier immer in sehr breite Streifen und große Stücke reißen und um die Ballform streichen. Nach drei Papierschichten die Zitrusscheiben verteilen. Weitere 3 bis 4 Lagen Transparentpapier wie gehabt darüber formen. Nicht mit Kleister sparen, den Rand von Anfang an mit gelbem Papier gestalten. Feuchtes Transparentpapier ist übrigens sehr weich und elastisch, so dass sich Falten, die bei der Arbeit entstehen und durchaus erwünscht sind, glatt streichen lassen. Das Ganze mehrere Tage gut durchtrocknen lassen. Dann kommt ein spannender Moment: Wir ziehen den Stöpsel des Wasserballs und haben eine wunderbare, durchscheinende Zitronenschüssel!

Handlaterne

Material und Werkzeug:
Runde Holzscheibe oder sehr feste Kartonscheibe im Durchmesser von etwa 14 cm, Rundholz: 11 cm lang, 2,5 cm im Durchmesser (für den Griff), gelbes Transparentpapier (Pergaminpapier), gepresste Blätter, Blüten, Zitronenscheiben und dergleichen zum Einschließen, Tapetenkleister, breiter Pinsel, Tonkarton (Fotokarton) oder Wellkarton, Schere, Lineal, Bleistift, Hammer, Nagel, Holzleim, Alleskleber, Bügeleisen und Kerzenhalter zum Einkleben in die fertige Laterne (Bastelgeschäft).

Den Griff mittig auf die Holz- oder Kartonscheibe leimen und zusätzlich einen Nagel von der Gegenseite aus einschlagen. Fertig ist der Laternenboden mitsamt dem Griff. Zwei Streifen Transparentpapier von etwa 20 x 45 cm zuschneiden, lieber etwas länger zuschneiden, weil das eingekleisterte Transparentpapier schrumpft. Den ersten Streifen mit Tapetenkleister von cremiger Konsistenz satt einstreichen, dann die bereit liegenden Blätter, Gräser usw. darauf verteilen. Daran denken, dass oben und unten noch ein etwa 3 cm breiter Streifen Ton- oder Wellkarton angeklebt wird. Also die Objekte nicht zu nah an die Ränder schieben, dasselbe gilt für die Seitenstreifen, die später etwa 1 cm übereinander geklebt werden. Dann die zweite Transparentpapierlage ebenfalls einkleistern und genau über die erste legen. Diese Arbeit sollte man unbedingt zu zweit, also mit vier Händen, machen. Mit der Handfläche alles glatt streichen. Dabei lässt es sich nicht vermeiden, dass sich Falten und kleine Lufteinschlüsse bilden. Das ist kein Fehler, sondern typisch für diese

Technik und ein interessanter Effekt. Alles gut durchtrocknen lassen und von beiden Seiten glatt bügeln. Von dem Tonkarton zwei Streifen (etwa 3 x 45 cm) abschneiden, zum Nachmessen der Länge um die Bodenscheibe legen und oben und unten auf die Ränder des Transparentpapiers kleben. So erhält die Laterne mehr Stabilität. Nun den fertigen Laternenmantel um die Scheibe formen, wo nötig noch etwas abschneiden, Seiten etwa 1 cm übereinander kleben. Den Rand der Scheibe mit Klebstoff bestreichen und die Laterne darüber schieben.

Hinweis: Diese Handlaterne ist für Kleinkinder noch nicht geeignet, denn man muss sie immer ganz gerade halten, sonst könnte sie Feuer fangen. Für größere Kinder und Erwachsene, die die Laternenkinder begleiten, ist solch eine Laterne mit Griff aber sehr praktisch. Für kleine Kinder kann man die Laterne auf die gleiche Weise herstellen. Dann verzichtet man aber auf den Griff, sondern versieht sie oben mit einem Drahtbügel und der bekannten Stange zum Tragen.

7. Kleisterpapier

Die Technik der Kleistermalerei wurde früher von Buchbindern angewandt. Sie versahen ihre handgebundenen Bücher mit selbst entworfenen Vorsatzblättern. Jeder Buchbinder prägte so seinen eigenen Stil. Kleisterpapier ist relativ einfach herzustellen und wird bis heute gern zum Einbinden von Büchern und Heften verwendet. Es ist nicht nur dekorativ sondern auch strapazierfähig, nicht zuletzt durch den Kleisteranteil in der Farbe und den Bienenwachsbalsam, der zum Schluss auf das Papier gerieben wird.

Und das braucht man dazu:

Zeichenpapier, Tonpapier oder Packpapier, wasserlösliche Plakat- oder Bastelfarben (Acrylfarben), Tapetenkleister, verschiedene Gegenstände zum Wegschaben der Farbe: grobzinkige Kämme bzw. Stücke davon, kleine, feste Kartonabschnitte, Pinselstiel (oder man nimmt den eigenen Zeigefinger), Gefäße zum Anrühren der Farben, breiter Pinsel, Bienenwachsbalsam oder Ähnliches, weicher Lappen.

Den Arbeitsplatz mit Zeitungspapier auslegen. Zwei verschiedene Farben mit dem angerührten Tapetenkleister vermischen, 3 Teile Farbe, 1 Teil Kleister. Gedeckte Farben wirken übrigens bei dieser Technik edler! Die Farben satt und abwechselnd in breiten Streifen auf das Papier auftragen. Dann sofort mit einem der oben aufgezählten Gegenstände über die feuchte Farbe fahren und zwar in Linien, Schwüngen, Spiralen oder Wellen, sodass der Untergrund teilweise sichtbar wird. An den Rändern der so entstandenen Linien liegt die beim Malen weggedrängte Farbe etwas dicker, was eine zusätzliche reizvolle Wirkung ergibt. Die zum Wegschaben benutzten Gegenstände zwischendurch abwischen. Achtung: Es muss zügig gearbeitet werden, bevor die Farbe trocknet. Daher haben Kleisterpapiere meistens schwungvolle, dynamische Muster. Wenn man nicht zufrieden ist mit seinem «Werk», lässt man es erst einmal trocknen. Am nächsten Tag trägt man einfach noch einmal Kleisterfarbe auf und bearbeitet das Papier erneut wie oben beschrieben. Manchmal bringen solche Notlösungen besonders schöne Ergebnisse. Experimentierfreude ist überhaupt ein sehr wichtiger Aspekt bei der Kleistermalerei. Nachdem die Farbe vollständig getrocknet ist, wird das Papier mit dem Bienenwachsbalsam eingerieben. Dazu verwendet man einen weichen Lappen. So werden die Farben brillanter und die Oberfläche widerstandsfähiger. Unser Papier ist nun zum Weiterverarbeiten bereit. Was alles daraus entstehen kann zeigen die Abbildungen.

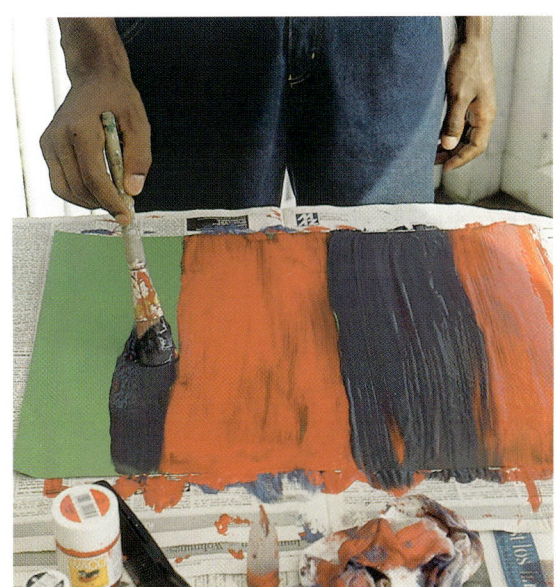

Das Papier wird satt mit dem Farb-Kleister-Gemisch eingestrichen

Mit einem beliebigen Gegenstand wird das Muster in die feuchte Farbschicht gekratzt

Hefte, Tagebücher, Bleistifte und Tüten

Einfache Schul- und Oktavhefte mit passend bezogenen Bleistiften werden zu schönen Notiz- und Tagebüchern, die man auch gut mit auf Reisen nehmen kann. Das selbstgebundene Buch ist die Arbeit einer Schülerin, die große Tüte ist eine wunderbare Geschenkverpackung.

Abbildung oben:
Aus einfachen Schulheften werden dank der Hülle aus Kleisterpapier schöne Notiz- und Tagebücher

8. Individuelles Geschenkpapier

«Recycling-Papier» sollte man diese eigenwilligen «Papier-Creationen» besser nennen. Gebrauchtes Paketpapier, Einwickelpapier vom Bäcker usw. wurde bemalt, beschriftet, beklebt und in etwas Neues verwandelt. Wer schöne Papierfetzchen, lustiges Bonbonpapier usw. gerne aufbewahrt, kann es jetzt gut gebrauchen. Das abgebildete «Geburtstagspapier» mit den schnell darauf gemalten roten Blüten wurde zusätzlich über und über mit Glück- und Segenswünschen beschrieben. Ein Stück Tapete (ausrangiertes Tapetenbuch aus dem Malergeschäft) erhielt Appli-

Kleisterpapier-Variationen

*Individuelles Geschenkpapier
aus Recycling-Papier*

kationen aus aufgeklebten Bonbonpapieren. Zwei schon etwas knittrige, löchrige Bögen Seidenpapier haben wir mit Tapetenkleister übereinander geklebt, gebügelt und mit gerissenen, bunten Papierfetzchen versehen. Schließlich kann man aus Tapete und veralteten Landkarten praktische Tüten falten (siehe Faltanleitung). Es macht sehr viel Freude, solche Recycling-Papiere zu gestalten, der Fantasie sind dabei keine Grenzen gesetzt. Am Ende hat man dann eine wunderbare Sammlung der schönsten und originellsten Papierschöpfungen, die sich nicht nur zum Einpacken von Geschenken eignen; manche haben es durchaus verdient, gerahmt zu werden!

Faltanleitung für die Geschenktüten

1. Ein quadratisches Blatt Papier in der Mitte falten.
2. Seiten ein wenig über die Mittellinie legen, sodass eine Klebekante entsteht.
3. Blatt umwenden.
4. Pfeilspitze falten, zurückklappen.
5. Wenden und auch hier eine Pfeilspitze falten.
6. Alles aufklappen und entlang der Knicklinien nach innen drücken.
7. Zwei Spitzen sind entstanden.
8. Eine Spitze glatt nach unten schlagen.
9. Beide Zipfel zur Mitte knicken und festkleben, dann ist der Tütenboden fertig.

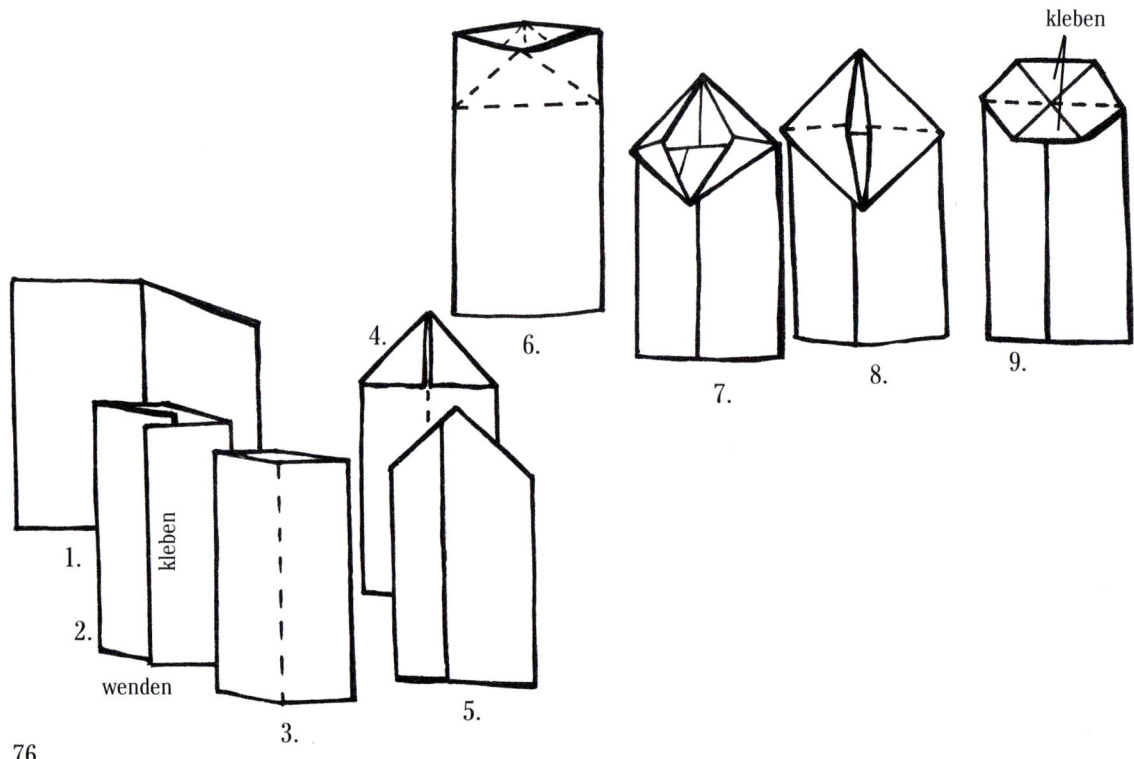

Beliebt bei jungen Mädchen:
unkonventionelle Häkeltaschen aus Papier

9. Taschen aus Papierschnüren

Zum Schluss wollen wir das «geduldige Papier» sogar noch verspinnen und verhäkeln!

Diese beiden Taschen bestehen tatsächlich aus Papier, genauer gesagt aus gedrehten und gehäkelten Krepppapier-Streifen. Krepppapier, auch «Dekorationskrepp» genannt, ist elastisch und zäh. Daher eignet es sich zum Zwirbeln von Schnüren sehr gut. Das ist die Voraussetzung zum Herstellen von festem, gleichmäßigem «Garn».

Material und Werkzeug:

Krepppapier, kräftige Schere, Häkelnadel Nr. 5 oder 5 1/2, evtl. Baumwollgarn für die Umhängeschnur und Bastelfilz zum Abfüttern

Von der Krepppapierrolle 2 cm breite Streifen abschneiden, das Papier dabei nicht aufrollen. Die Streifen zwischen Daumen und Zeigefinger zu Schnüren zwirbeln (spinnen). Ende des alten mit

So entsteht eine Tasche aus Krepppapier

Anfang des neuen Streifens verdrehen und verbinden. Schnüre zu Knäueln wickeln. Mit festen Maschen Taschen nach Wunsch häkeln.

Die blaue Tasche schmückt ein Knopf aus Papiermaché, siehe dazu Seite 43 f.
Anmerkungen: Diese zarten Taschen dürfen nicht nass werden. Farbiges Papier würde dabei obendrein abfärben, so dass man sich möglicherweise die Kleidung verderben könnte.

Tragbänder stellt man lieber aus Baumwolle her, auch Nähte, soweit sie nötig sind, mit Baumwollfäden anfertigen.

Damit nichts vom Tascheninhalt durch die Maschen rutscht, versieht man sie mit einem Futter aus dünnem Bastelfilz.

In gut sortierten Papierwarenläden gibt es Geschenkband aus Papier. Das kann man gleich verarbeiten. Damit fällt die Arbeit des Spinnens und Verzwirbelns weg.

Angelika Wolk-Gerche

Mach was aus Papier
... mit Tipp, dem Bastelzwerg

Mit diesem Band in der neuen Reihe von Bastelbüchern für Kinder, die von Tipp, dem Bastelzwerg, begleitet werden, möchte Angelika Wolk-Gerche Kindern im Schulalter Anregungen geben, was sich aus Papier alles gestalten lässt.

Aus dem Inhalt:
Die Tipp-Bastelkiste / Gefaltet, geschnitten, geklebt, gewickelt / Papiermaché / Papierschöpfen / Alles aus Pulpe / Tipps Papierschwalbe / Tipps Abschied

Verlag Freies Geistesleben

Angelika Wolk-Gerche

Mach was aus Wolle
... mit Tipp, dem Bastelzwerg

Mit diesem Band in der neuen Reihe von Bastelbüchern für Kinder, die von Tipp, dem Bastelzwerg,
begleitet werden, möchte Angelika Wolk-Gerche
Kindern im Schulalter Anregungen geben, was sich
aus Wolle alles gestalten lässt.

Aus dem Inhalt:
Der Tipp-Wollkorb / Der Strickpilz / Alles aus Wollfä-
den / Märchenwolle, ungesponnene Wolle / Filzen /
Urweben / So entsteht ein Woll-Tipp / Tipps Abschied
/ Bezugsquellen

Verlag Freies Geistesleben